왕초보 내 사주

김찬동 金讚東

· 1950년 경북 달성 출생, 장로교신학대학교 졸업
· 한국추명학회 정회원 · 광진구 지부장, 한국역술학회 정회원
· 추명학 연구와 동양철학 학술연구로 감사패와 표창장을 여러 차례 받음
· 수년간 성경 · 불경 · 논어 · 명리학 연구
· 현재 역산철학원 원장
  일본의 동경 · 경도 등을 여행하며 일본풍수학 연구 중

저서에는 『이름이 운명을 바꾼다』(삼한), 『이렇게 하면 좋은 운이 온다』(삼한), 『복을 부르는 방법』(삼한), 『오늘의 토정비결』(삼한), 『운을 잡으세요』(삼한), 『적천수 정설』(삼한), 『궁통보감 정설』(삼한), 『명리정종 정설』(삼한), 『연해자평 정설』(삼한), 『삼명통회 정설』(삼한), 『사주운명학의 정설』(명문당), 『운명으로 본 인생』(명문당) 등이 있다.

전화 02)455-3204 | 016-9292-3207

왕초보 내 사주

1판 1쇄 인쇄일 | 2008년 7월 6일
1판 1쇄 발행일 | 2008년 7월 16일

발행처 | 삼한출판사
발행인 | 김충호
지은이 | 김찬동

신고 연월일 | 1975년 10월 18일
신고 번호 | 제305-1975-000001호

411-776 경기도 고양시 일산서구 일산동 1654번지
산들마을 304동 2001호

대표전화 (031) 921-0441
팩시밀리 (031) 925-2647

값 19,000원
ISBN 978-89-7460-124-9 03180

신비한 동양철학 · 84

왕초보 내 사주

김찬동 편저

삼한

 눈이 어두운 사람은 앞을 볼 수 없다. 앞에 산이 있는지, 강이 있는지, 낭떠러지가 있는지를 모르고 가다가 큰 사고를 당하기도 한다. 이처럼 육신의 눈이 어두우면 불행한 일을 당할 수밖에 없는데, 이보다 더 중요한 마음의 눈이 어둡다면 어떻게 되겠는가. 육신의 눈이 어두우면 공간적인 면에서 장님이지만 마음의 눈이 어두우면 시간적인 면에서 장님이 되는 것이다. 그러면 내일 어떤 일이 닥칠지, 한 달 후에 어떤 불행이 닥칠지 알 수 없다.

 만일 인간이 타락하지 않아 영적인 눈이 밝았더라면 앞날을 잘 알 수 있었을 것이다. 그러나 사람들은 마음의 눈이 어두워졌고, 미래를 전혀 예측할 수 없는 처지가 되었다. 그런데 한 줄기 빛이 나타났다. 지금으로부터 약 5천여 년 전 중국 황하 강가에서다. 이 빛은 미래를 점치는 빛으로 인간들에게 빈부귀천과 흥망성쇠와 희로애락과 생로병사를 알려주는 신비한 빛이었다. 꿈 많은 젊은이들도 원대한 이상을 품은 위인달사들도 자신의 미래를 맡기며 마음 졸이게 하는 빛, 바로 역(易)이었다.

이 역(易)은 묘하고도 진한 향기를 내뿜었다. 그 향기가 매우 진하여 누구나 한 번 맡으면 세상사를 모두 잊어버렸다. 공자도 이 역(易)의 향기에 깊이 심취하다 가죽끈이 세 번이나 끊어지도록 독서하여 위편삼절(韋編三絶)이라는 고사를 남겼다. 공자 이후에도 동양의 많은 성현들, 덕망높은 군자들, 신의가 굳건한 선비들이 이 향기에 취하지 않은 사람이 거의 없었다. 우리나라에서도 토정 이지함 선생과 격암 남사고 선생이 깊이 심취하여 각각 토정비결(土亭秘訣)과 격암유록(格菴遺錄)이라는 예언서를 남겼다.

성현의 말씀에 '대부유천(大富有天) 소부유인(小富有人)'이라는 귀절이 있다. 큰 부자는 하늘이 내려주지만 작은 부자는 개인의 노력에 달려 있다는 말이다. 이 말은 사람마다 크기와 용도가 다른 그릇을 지니고 태어난다는 뜻이다. 따라서 사람은 하늘이 준 능력을 깨닫고 자신의 능력과 분수를 지키며 거기에 맞게 최선을 다하는 것이 중요하다.

한편 운명이 절대적인 것인가, 상대적인 것인가에 대하여 이론이 분분하다. 저자는 하늘이 점지해 주신 절대적 예정과 인간의 노력인 상대적 예정이 합쳐져 운명이 결정된다고 생각한다. 그리고 운명은 살아서 움직이는 것이고, 이 운명은 인간을 지배하기도 하지만 개인의 노력여하에 따라 어느 정도 바꿀 수도 있다고 생각한다.

사주 70% + 노력 30% = 운명결정 100%

선천운 70% + 후천운 30% = 운명결정 100%

다시 말해, 운명이 사람을 지배하지만 마음가짐에 따라 사람이 운명을 지배할 수도 있다. 절대적인 신심과 확신이 있으면 운명을 지배하면서 자신의 삶을 행복으로 끌고 가지만, 그렇지 않으면 운명에 지배당하면서 불행의 세계로 끌려간다. 한 예를 들어보기로 하자. 친구이며 생년월일이 같은 두 여자가 비슷한 시기에 결혼했다가 비슷한 시기에 이혼하였다. 한 여자는 깊이 절망하여 "나는 이제 틀렸어. 나는 정말 틀렸어" 하면서 자포자기했다. 이렇게 자꾸 부정적인 생각만 하더니 결국 창녀가 되었다.

그러나 또 한 여자는 달랐다. 물론 처음 얼마간은 괴로워했으나 용기를 내며 희망을 가졌다. "더 좋은 남편을 만나게 해주려고 이렇게 된 거야"라며 마음을 다잡았다. 이 사람은 결국 자신의 의지대로 좋은 남편을 만나 행복하게 살았다. 우리는 주변에서 이와 유사한 일들을 많이 본다. 부정적인 생각과 부정적인 말은 자신의 운명을 나쁜 곳으로 끌고가고, 긍정적인 생각과 긍정적인 말은 자신의 운명을 좋은 곳으로 끌고간다.

천리 길도 한 걸음부터라는 말이 있다. 이 책은 역학(易學)을 너무 어렵게 생각하는 조보자들에게 조금이나미 도움을 주고자 쉽게 엮으려고 노력했다. 따라서 조보자가 입문용으로 사용한다면 많은 도움이 될 것이다. 이 책을 숙지한 후 역학(易學)의 5대 원서인 『적천수(滴天髓)』, 『궁통보감(窮通寶鑑)』, 『명리정종(命理正宗)』, 『연해자평(淵海子平)』, 『삼명통회(三命通會)』에 접근한다면 훨씬 쉽게 터득할 수 있을 것이다. 이 책들은 저자가 이미 편역하여 삼한출판사에서 출간한 것도 있고, 앞으로 모두 갖출 것이니 많이 활용하기 바란다.

역산 김찬동

1장. 서 론

1) 사주는 미신인가

  현대는 과학이 발달하면서 삼라만상의 모든 현상을 과학적으로 규명해야 올바른 학문으로 인정받을 수 있다. 세상만사에 존재하는 모든 것은 사체(事體)라고 하는 일과 용리(用理)라고 하는 이치로 구성되어 있다. 즉 시리(事理)가 세상의 만사인 것이다.

  사주팔자는 동양철학의 핵심이나 아직 과학적으로 정의를 내리지 못하여 일부에서는 미신으로 천시한다. 태어난 년월일시로 어떻게 인생의 운명을 단정하는가에 대하여 근거를 제시하기에는 아직도 이론적인 면이 부족한 것은 사실이다. 그러나 머지않은 장래에 과학적으로 입증하여 사주추명학이 동양 최대의 진리이며, 부귀빈천을 논하는 최고의 학문으로 인정받게 될 것이다.

2) 사주의 기원과 변천

사주추명학은 하루아침에 이루어진 학문이 아니라 5,000년이라는 장구한 역사를 자랑하며 이어져 온 것이다. 창안하며 연구한 것도 한두 명이 아니라 여러 사람의 손에 손을 거치면서 발달해왔다. 처음에는 사람의 운명을 년주(年柱)를 기준으로 간명하였는데 잘 맞지 않았다. 그러다가 서자평(徐子平) 선생이 일주(日柱)를 중심으로 하는 방법을 창안하여 오늘날에 이르렀다.

그리고 역학의 발전과 비례하여 좋은 책도 많이 나왔다. 대표적인 것이 5대 원서다. 서공승(徐公升) 선생이 연해자평(淵海子平)을 저술했는데, 오늘날 가장 많이 읽히고 있다. 그리고 신봉장씨(神峰張氏)가 명리정종(命理正宗)을 저술하여 역학을 발전시켰고, 명나라 때 만유오(萬有吾) 선생이 삼명통회(三命通會)를 저술하였고, 유백온(劉伯溫) 선생이 적천수(滴天髓)를 저술하여 큰 발전을 이루었고, 이름을 밝히지 않은 무명거사가 궁통보감(窮通寶鑑)을 저술하였다. 이상의 5대 원서를 독파한다면 역학의 진수를 배울 수 있을 것이라고 생각한다.

3) 숙명과 행복

'대부재천(大富在天) 소부재인(小富在人)'이라는 글이 있다. 큰 부자는 하늘이 내려주지만 작은 부자는 누구나 노력하면 될 수 있다는 말이다. 이 글에서 볼 때 그릇의 크기나 또 어떤 일을 해야 할 사람인지 빈부귀천의 정도는 이미 어느 정도 정해진다는 것이다. 대부재천(大富在天)은 하늘의 책임분담인 선천운(先天運)에 속하기 때문에 인간은 간섭할 수가 없다. 인간이 간여할 수 있는 부분은 소부재인(小富在人)인 후천운(後天運)이다. 자신의 타고난 그릇 크기와 용도를 잘 파악하여 최선을 다해야 하는 것이다. 따라서 열심히 노력하면 누구나 작은 부자는 될 수 있다.

그리고 '수분각도(守分覺道) 진실인생(眞實人生)'이라는 말이 있다. 이처럼 이미 타고난 자신의 분수를 알고 잘 지키며, 자신이 가야할 길을 깨닫는다면 진실로 행복한 인생이 되는 것이다. 사고를 당하거나 실패하거나 망하는 것은 자신의 길과 분수를 모르고 과욕을 부렸기 때문이다.

분외물탐(分外勿貪) 안심입명(安心立命). 즉 분수 외의 것을 탐내지 않으면 평안하게 명을 보존할 수 있다. 패가망신을 당하는 것은 분수 외의 것을 탐했기 때문이다. 때문에 사주팔자인 선천운(先天運)과 자신의 노력인 후천운(後天運)을 잘 이해한다면 행복한 인생을 보낼 수 있다.

2장. 사주 정하는 법

1. 십간(十干)과 십이지(十二支)

사주는 사람이 태어난 년월일시를 말한다. 이것은 각각 간지(干支)로 되어 있고, 모두 8자이므로 사주팔자라고 하는 것이다. 즉 4기둥 8글자가 사주팔자다. 생년의 간지(干支)를 년주(年柱), 생월의 간지(干支)를 월주(月柱), 생일의 간지(干支)를 일주(日柱), 생시의 간지(干支)를 시주(時柱)라고 한다. 사주학을 중국에서는 사람의 생명을 다스리는 학문이라 하여 명리(命理)라 하고, 일본에서는 미래를 추리하는 학문이라 하여 추명학(推命學)이라 한다.

① 년주(年柱) : 생년(生年)의 간지(干支)

② 월주(月柱) : 생월(生月)의 간지(干支)

③ 일주(日柱) : 생일(生日)의 간지(干支)

④ 시주(時柱) : 생시(生時)의 간지(干支)

1. 음양(陰陽)과 오행(五行)

오행에는 목(木) 화(火) 토(土) 금(金) 수(水)가 있는데 각각 음양으로 나뉜다. 먼저 천간(天干)을 보면 갑(甲)은 양목(陽木), 을(乙)은 음목(陰木), 병(丙)은 양화(陽火), 정(丁)은 음화(陰火), 무(戊)는 양토(陽土), 기(己)는 음토(陰土), 경(庚)은 양금(陽金), 신(辛)은 음금(陰金), 임(壬)은 양수(陽水), 계(癸)는 음수(陰水)다.

十干	甲	乙	丙	丁	戊	己	庚	申	壬	癸
陰陽	陽	陰	陽	陰	陽	陰	陽	陰	陽	陰
五行	木	木	火	火	土	土	金	金	水	水

지지(地支)의 오행에도 음양이 있다. 인(寅)은 양목(陽木), 묘(卯)는 음목(陰木), 오(午)는 양화(陽火), 사(巳)는 음화(陰火), 진술(辰戌)은 양토(陽土), 축미(丑未)는 음토(陰土), 신(申)은 양금(陽金), 유(酉)는 음금(陰金), 자(子)는 양수(陽水), 해(亥)는 음수(陰水)다.

十二支	子	丑	寅	卯	辰	巳	午	未	申	酉	戌	亥
陰陽	陽	陰	陽	陰	陽	陰	陽	陰	陽	陰	陽	陰
五行	水	土	木	木	土	火	火	土	金	金	土	水

2. 육십갑자(六十甲子)

천간(天干)의 10자와 지지(地支)의 12자가 돌아가며 배합하면 60가지의 간지(干支)가 되는데 이것을 육십갑자라고 하며 사주추명학에서는 매우 중요하다. 결국 사주는 이런 간지(干支)의 결합에

육십갑자조견표(六十甲子早見表)

甲子	乙丑	丙寅	丁卯	戊辰	己巳	庚午	辛未	壬申	癸酉
甲戌	乙亥	丙子	丁丑	戊寅	己卯	庚辰	辛巳	壬午	癸未
甲申	乙酉	丙戌	丁亥	戊子	己丑	庚寅	辛卯	壬辰	癸巳
甲午	乙未	丙申	丁酉	戊戌	己亥	庚子	辛丑	壬寅	癸卯
甲辰	乙巳	丙午	丁未	戊申	己酉	庚戌	辛亥	壬子	癸丑
甲寅	乙卯	丙辰	丁巳	戊午	己未	庚申	辛酉	壬戌	癸亥

의한 변화를 보고 간명하는 것이다.

3. 음양(陰陽)의 구성

음양의 구성은 먼저 원인자이며 창조주인 태극(太極)에서 태양(太陽)과 태음(太陰)이 나왔고, 큰 음양에서 목화토금수(木火土金水)의 오행이 나왔다. 그리고 오행에서 천간(天干)과 지지(地支)가 나와 삼라만상이 전개된 것이다. 여기서 목(木)과 화(火)는 양에

太極(宇宙. 法道. 大自然. 하나님)											
陰陽	太陽						太陰				
五行	木		火		土				金		水	
天干	甲	乙	丙	丁	戊		己		庚	辛	壬	癸
地支	寅	卯	巳	午	辰	戌	未	丑	申	酉	亥	子
小陰陽	陽	陰	陽	陰	陽	陽	陰	陰	陽	陰	陽	陰
月	1	2	4	5	3	9	6	12	7	8	10	11
節氣	立春	驚蟄	立夏	亡種	淸明	寒露	小暑	小寒	立秋	白露	立冬	大雪

속하고 금(金)과 수(水)는 음에 속하며 토(土)는 중성(中性)인데 무진술(戊辰戌)은 양이고 기축미(己丑未)는 음에 속한다.

2 년주(年柱) 정하는 법

년주(年柱)를 정하기 전에 먼저 사주의 명칭을 살펴보자.

年干	月干	日干	時干
年支	月支	日支	時支

① 년주(年柱)의 천간(天干)은 년간(年干), 지지(地支)는 년지(年支)라고 한다.
② 월주(月柱)의 천간(天干)은 월간(月干), 지지(地支)는 월지(月支)라고 한다.
③ 일주(日柱)의 천간(天干)은 일간(日干), 지지(地支)는 일지(日支)라고 한다.
④ 시주(時柱)의 천간(天干)은 시간(時干), 지지(地支)는 시지(時支)라고 한다.

년주(年柱)는 태어난 해를 말하며 년(年)의 기준은 입춘이다. 예를 들어 여자가 1959년 음력 3월 25일 아침 8시에 태어났다면 다음과 같다. 만세력으로 찾기 때문에 만세력은 필수품이다.

■ 여명 1959년 3월 25일 진(辰)시생

年干	月干	日干	時干
己	-	-	-
年支	月支	日支	時支
亥	-	-	-

1959년의 간지(干支)는 기해(己亥)이므로 년주(年柱)는 기해(己亥)가 된다. 입춘을 기준으로 태어난 날이 입춘 전이면 전년의 간지(干支)를 쓰고, 입춘 후이면 금년의 간지(干支)를 쓴다.

3. 월주(月柱) 정하는 법

월주(月柱)는 태어난 달을 말하며 월(月)의 기준은 절기다. 월주(月柱)를 정하는 방법도 만세력에 나와 있다. 〈24절기조견표〉와 〈월간지조견표〉를 보면 쉽게 정할 수 있을 것이다.

■ 여명 1959년 3월 25일 진(辰)시생

年干	月干	日干	時干
己	戊	-	-
年支	月支	日支	時支
亥	辰	-	-

본명은 년간(年干)이 기(己)이며 3월생이니 월주(月柱)는 무진(戊辰)이 된다.

24절기조견표(二四節氣早見表)

	月支	節	氣
정월	寅月	立春	雨水
2월	卯月	驚蟄	春分
3월	辰月	清明	穀雨
4월	巳月	立夏	小滿
5월	午月	芒種	夏至
6월	未月	小暑	大暑
7월	申月	立秋	處署
8월	酉月	白露	秋分
9월	戌月	寒露	霜降
10월	亥月	立冬	小雪
11월	子月	大雪	冬至
12월	丑月	小寒	大寒

월간지조견표(月干支早見表)

生月 \ 節名 \ 出生年		甲己年	乙庚年	丙辛年	丁壬年	戊癸年
정월	立春	丙寅	戊寅	庚寅	壬寅	甲寅
2월	驚蟄	丁卯	己卯	辛卯	癸卯	乙卯
3월	淸明	戊辰	庚辰	壬辰	甲辰	丙辰
4월	立夏	己巳	辛巳	癸巳	乙巳	丁巳
5월	芒種	庚午	壬午	甲午	丙午	戊午
6월	小暑	辛未	癸未	乙未	丁未	己未
7월	立秋	壬申	甲申	丙申	戊申	庚申
8월	白露	癸酉	乙酉	丁酉	己酉	辛酉
9월	寒露	甲戌	丙戌	戊戌	庚戌	壬戌
10월	立冬	乙亥	丁亥	己亥	辛亥	癸亥
11월	大雪	丙子	戊子	庚子	壬子	甲子
12월	小寒	丁丑	己丑	辛丑	癸丑	乙丑

4. 일주(日柱) 정하는 법

일주(日柱)는 생일의 간지(干支)를 말하며 일(日)의 기준은 자(子)시다. 일주(日柱)는 일진(日辰)이라고도 하며 역시 만세력에서 찾는다.

■ 여명 1959년 3월 25일 진(辰)시생

年干	月干	日干	時干
己	戊	甲	-
年支	月支	日支	時支
亥	辰	申	-

5. 시주(時柱) 정하는 법

시주(時柱)는 태어난 시간의 간지(干支)를 말한다. 시(時)를 구분하는 방법은 다음과 같다.

① 자(子)시 : 전일 11시부터 당일 1시 전까지
② 축(丑)시 : 당일 1시부터 오전 3시 전까지
③ 인(寅)시 : 오전 3시부터 오전 5시까지
④ 묘(卯)시 : 오전 5시부터 오전 7시까지

⑤ 진(辰)시 : 오전 7시부터 오전 9시까지

⑥ 사(巳)시 : 오전 9시부터 오전 11시까지

⑦ 오(午)시 : 오전 11시부터 오후 1시까지

⑧ 미(未)시 : 오후 1시부터 오후 3시까지

⑨ 신(申)시 : 오후 3시부터 오후 5시까지

⑩ 유(酉)시 : 오후 5시부터 오후 7시까지

⑪ 술(戌)시 : 오후 7시부터 오후 9시까지

⑫ 해(亥)시 : 밤 9시부터 밤 11시까지

시(時)의 지지(地支)는 이미 정해져 있지만 시간(時干)은 〈시간지 조견표〉로 찾는다. 즉 일간(日干)이 갑(甲)일이나 기(己)일인데 자(子)시생이면 갑자(甲子)가 시주(時柱)이고, 축(丑)이면 을축(乙丑)이 시주(時柱)다. 그리고 일간(日干)이 을(乙)일이나 경(庚)일인데 자(子)시생이면 병자(丙子)가 시주(時柱)이고, 묘(卯)시생이면 정축(丁丑)이 시주(時柱)가 된다.

■ 여명 1959년 3월 25일 진(辰)시생

年干	月干	日干	時干
己	戊	甲	戊
年支	月支	日支	時支
亥	辰	申	辰

시간지조견표(時干支早見表)

生時 \ 生日	甲己日	乙庚日	丙辛日	丁壬日	戊癸日
子	甲子	丙子	戊子	庚子	壬子
丑	乙丑	丁丑	己丑	辛丑	癸丑
寅	丙寅	戊寅	庚寅	壬寅	甲寅
卯	丁卯	己卯	辛卯	癸卯	乙卯
辰	戊辰	庚辰	壬辰	甲辰	丙辰
巳	己巳	辛巳	癸巳	乙巳	丁巳
午	庚午	壬午	甲午	丙午	戊午
未	辛未	癸未	乙未	丁未	己未
申	壬申	甲申	丙申	戊申	庚申
酉	癸酉	乙酉	丁酉	己酉	辛酉
戌	甲戌	丙戌	戊戌	庚戌	壬戌
亥	乙亥	丁亥	己亥	辛亥	癸亥

6. 대운(大運) 정하는 법

사주의 8글자로는 길흉화복을 판단하고, 그 길흉이 언제 생기는지는 대운으로 판단한다. 대운은 월주(月柱)의 간지(干支)를 기준으로 정하는데 남명과 여명이 다르며 4가지 원칙이 있다.

① 남명이 년간(年干)이 양간(陽干)이면 대운은 월주(月柱)를 중심으로 순행한다.

② 남명이 년간(年干)이 음간(陰干)이면 대운은 월주(月柱)를 중심으로 역행한다.

③ 여명이 년간(年干)이 양간(陽干)이면 대운은 월주(月柱)를 중심으로 역행한다.

④ 여명이 년간(年干)이 음간(陰干)이면 대운은 월주(月柱)를 중심으로 순행한다.

순행이란, 예를 들어 월주(月柱)가 갑자(甲子)이면 대운은 을축(乙丑) 병인(丙寅) 정묘(丁卯) 무진(戊辰) 순으로 진행하는 것을 말한다. 그리고 역행이란, 월주(月柱)가 갑자(甲子)이면 대운은 계해(癸亥) 임술(壬戌) 신유(辛酉) 경신(庚申) 순으로 진행하는 것을 말한다. 그리고 대운수는 만세력에 적혀 있다. 지금까지 배운 사주 정하는 방법을 연습해보자.

■ 남자 1966년 음력 5월 4일 신(申)시생 : 순행, 대운수 5

년	월	일	시		5	15	25	35	45	55	65	75
丙	甲	壬	戊		乙	丙	丁	戊	己	庚	辛	壬
午	午	子	申		未	申	酉	戌	亥	子	丑	寅

■ 남자 1967년 음력 11월 12일 자(子)시생 : 역행, 대운수 2

년	월	일	시		2	12	22	32	42	52	62	72
丁	壬	辛	戊		辛	庚	己	戊	丁	丙	乙	甲
未	子	亥	子		亥	戌	酉	申	未	午	巳	辰

■ 여자 2006년 음력 3월 2일 축(丑)시생 : 역행, 대운수 8

년	월	일	시		8	18	28	38	48	58	68	78
丙	辛	戊	癸		庚	己	戊	丁	丙	乙	甲	癸
戌	卯	午	丑		寅	丑	子	亥	戌	酉	申	未

■ 여자 1979년 음력 5월 6일 해(亥)시생 : 순행, 대운수 2

년	월	일	시		2	12	22	32	42	52	62	72
己	己	戊	癸		庚	辛	壬	癸	甲	乙	丙	丁
未	巳	戌	亥		午	未	申	酉	戌	亥	子	丑

3장. 오행(五行)

 사주에서 오행이란 목(木) 화(火) 토(土) 금(金) 수(水)의 5가지
기운을 말한다. 우주의 삼라만상은 모두 오행으로 구성되었다. 따
라서 사주추명학에서는 오행의 기초이론을 전개한다.

오행조견표(五行早見表)

	木	火	土	金	水
방위	동	남	중앙	서	북
계절	봄	여름	사계절	가을	겨울
하루	아침	정오	중앙	저녁	밤
기운	생	왕	둔	살	사
색상	청	적	황	백	흑
성질	인자	예의	신용	의리	지혜
수리	3, 8	2, 7	5, 10	4, 9	1, 6

① 방위로는 목(木)은 동방, 화(火)는 남방, 토(土)는 중앙, 금(金)은 서방, 수(水)는 북방에 해당한다.

② 계절로는 목(木)은 봄, 화(火)는 여름, 토(土)는 환절기, 금(金)은 가을, 수(水)는 겨울에 해당한다.

③ 하루로는 목(木)은 아침, 화(火)는 정오, 토(土)는 중앙인데 주로 오후를 말하고, 금(金)은 저녁, 수(水)는 밤에 해당한다.

④ 기운으로는 목(木)은 생기(生氣), 화(火)는 왕기(旺氣), 토(土)는 둔기(鈍氣), 금(金)은 살기(殺氣), 수(水)는 사기(死氣)에 해당한다.

⑤ 색상으로는 목(木)은 청색, 화(火)는 적색, 토(土)는 황색, 금(金)은 흰색, 수(水)는 흑색에 해당한다.

⑥ 성질로는 목(木)은 인자, 화(火)는 예의, 토(土)는 신용, 금(金)은 의리, 수(水)는 지혜에 해당한다.

⑦ 수리로는 목(木)은 3과 8, 화(火)는 2와 7, 토(土)는 5와 10, 금(金)은 4와 9, 수(水)는 1과 6에 해당한다.

1. 상생(相生)

오행은 서로 생해주는 기운이 있다. 즉 목생화(木生火)·화생토(火生土)·토생금(土生金)·금생수(金生水)·수생목(水生木)을 말한다. 목(木)은 화(火)를 생해주고, 화(火)는 토(土)를 생해주고, 토(土)는 금(金)을 생해주고, 금(金)은 수(水)를 생해주고, 수(水)는 다시 목(木)을 생해준다는 뜻이다.

2. 상극(相剋)

오행은 또 서로 극하는 기운이 있다. 즉 목극토(木剋土)·토극수(土剋水)·수극화(水剋火)·화극금(火剋金)·금극목(金剋木)을 말한다. 목(木)은 토(土)를 극하고, 토(土)는 수(水)를 극하고, 수(水)는 화(火)를 극하고, 화(火)는 금(金)을 극하고, 금(金)은 목(木)을 극한다는 뜻이다.

3. 왕상휴수사(旺相休囚死)

오행은 계절에 따라 왕성해지기도 하고 쇠약해지기도 한다. 즉 왕성(旺盛)·상생(相生)·휴식(休息)·수옥(囚獄)·사망(死亡)의 변화가 일어난다. 즉 나무는 봄에는 왕성하고, 여름에는 휴식하고, 환절기에는 갇히고, 가을에는 죽고, 겨울에는 상생한다는 뜻이다.

왕상휴수사조견표(旺相休囚死早見表)

日干	木	火	土	金	水
木日	旺	休	囚	死	相
火日	相	旺	休	囚	死
土日	死	相	旺	休	囚
金日	囚	死	相	旺	休
水日	休	囚	死	相	旺

오행을 좀 더 자세하게 구분하면 다음과 같다.

오행조견표(五行早見表)

	木	火	土	金	水
五運	風	熱	濕	燥	寒
五臟	肝臟	心臟	脾臟	肺臟	腎臟
五腑	肝	小腸	胃腸	大腸	膀胱
五方	東	南	中	西	北
五季	春	夏	換節	秋	冬
五竅	目	舌	口	鼻	耳
五主	筋	血	肉	皮	骨
五色	靑	赤	黃	白	黑
五聲	呼	笑	歌	哭	呻
五味	酸	苦	甘	辛	鹹
五臭	노린내	단내	고소한내	비린내	썩은내
五志	怒	喜	思	悲	恐
五畜	犬	羊	牛	鷄	豚
五穀	麻	麥	稷	米	豆
天干	甲乙	丙丁	戊己	庚辛	壬癸
地支	寅卯	巳午	辰戌丑未	申酉	亥子
數理	3, 8	2, 7	5, 10	4, 9	1, 6

4. 천간(天干)의 성질

천간(天干)에는 10가지가 있는데 각각 고유의 성질이 있다.

① 갑목(甲木) : 과실을 맺을 수 있는 양목(陽木)으로 양기(陽氣)가 왕성하며 매사 적극적으로 전진하는 기질이 있다. 특히 개척 정신이 강하다.

② 을목(乙木) : 화초의 음목(陰木)으로 음기(陰氣)가 왕성하며 소극적이다. 매사 자중하며 현실에 만족하는 경향이 강하다.

③ 병화(丙火) : 태양(太陽)의 양화(陽火)로 혈기와 대노하는 성질이 있다. 진취하는 기상으로 백절불굴의 정신력이 있다.

④ 정화(丁火) : 야월(夜月)의 음화(陰火)로 온화하며 안정적이다. 유화하며 현실적인 경향이 강하다.

⑤ 무토(戊土) : 태산의 양토(陽土)로 천성이 조급하며 단도직입적이다. 사고가 단순하여 실수를 잘한다.

⑥ 기토(己土) : 전답의 음토(陰土)로 천성이 유순하나 다소 용기가 부족하다. 결단이 더디며 심사숙고하는 경향이 강하다.

⑦ 경금(庚金) : 대철(大鐵)의 양금(陽金)으로 자존심이 매우 강하다. 자신과 자만이 지나쳐 다른 사람과 대립하나 매사 전진하는 경향이 강하다.

⑧ 신금(辛金) : 보석의 음금(陰金)으로 자존심이 약하다. 자중하고 정숙하며 매사 의심이 많다.

⑨ 임수(壬水) : 대해의 양수(陽水)로 천성이 관대하다. 다새나능

하며 원만하고 인자하며 동정심이 많다.

⑩ 계수(癸水) : 우로의 음수(陰水)로 마음이 좁고 남을 용서할 줄 모른다. 편견과 편애가 많고 매사 계산적이나 동정심이 많다.

5. 지지(地支)의 성질

지지(地支)는 모두 12가지인데 각각 고유의 성질이 있다.

① 자수(子水) : 물질에 매우 예민하며 대인과 화합한다. 판단이 정확하나 성급하며 과단한 면이 있다. 오행으로는 수(水)에 해당하고, 동물로는 쥐에 해당한다.

② 축토(丑土) : 표현이 부족하며 마음이 혼란하다. 대인과 잘 화합하지 못하나 근면하며 노력형이다. 오행으로는 토(土)에 해당하고, 동물로는 소에 해당한다.

③ 인목(寅木) : 정도를 지키며 청렴 공정하다. 외강내유하며 대업을 기도하기도 한다. 오행으로는 목(木)에 해당하고, 동물로는 호랑이에 해당한다.

④ 묘목(卯木) : 유화하며 애교가 많고 대인과 화합을 잘한다. 자유주의적인 경향이 강하고 경거망동함이 있다. 오행으로는 목(木)에 해당하고, 동물로는 토끼에 해당한다.

⑤ 진토(辰土) : 용기 있고 적극적이나 유아독존격인 기질이 많다. 대인과 불화하며 자기를 과시하는 경향이 있고 용두사미격이다. 오행으로는 토(土)에 해당하고, 동물로는 용에 해당한다.

⑥ 사화(巳火) : 매사에 신중하나 허영과 사치가 많고 예민하다. 오행으로는 화(火)에 해당하고, 동물로는 뱀에 해당한다.

⑦ 오화(午火) : 사교에 능하며 상상력이 풍부하다. 정직하며 솔직하나 영속성이 부족한 경향이 있다. 오행으로는 화(火)에 해당하고, 동물로는 말에 해당한다.

⑧ 미토(未土) : 유화하며 온건하고 예의를 중시한다. 인의가 풍부하며 매사에 신중하다. 오행으로는 토(土)에 해당하고, 동물로는 양에 해당한다.

⑨ 신금(申金) : 명랑하며 활달하고 상위에 올라 타인을 지배한다. 명예욕이 강하고 성급하며 경솔한 경향이 많다. 오행으로는 금(金)에 해당하고, 동물로는 원숭이에 해당한다.

⑩ 유금(酉金) : 표현력이 풍부하며 다재다능하고 희망이 원대하나 권모술수가 있다. 오행으로는 금(金)에 해당하고, 동물로는 닭에 해당한다.

⑪ 술토(戌土) : 일편단심의 마음이 강하며 성실하다. 의무에 충실하며 상사나 주군에 대한 충성심이 강하다. 오행으로는 토(土)에 해당하고, 동물로는 개에 해당한다.

⑫ 해수(亥水) : 정직하며 일관되고 맹진한다. 의리와 인정이 많으나 외강내약한 경향이 강하다. 오행으로는 수(水)에 해당하고, 동물로는 돼지에 해당한다.

4장. 합형충파해(合刑沖破害)와 공망(空亡)

사주를 간명하는 방법은 2가지다. 각종 신살(神殺)과 합(合)으로 보는 단식판단법과 용신(用神)으로 보는 종합판단법인데, 단식판단법이 모이면 결국 종합판단법이 된다. 그러나 단식판단법은 도표를 보고 신살을 찾아 판단하지만, 종합판단법은 용신(用神)을 찾아 판단해야 하므로 어렵고 복잡한 부분이 있다. 본 장에서는 단식판단법을 설명하고자 한다.

1. 합(合)

1. 간합(干合)

간합(干合)은 양간(陽干)과 음간(陰干)이 합되는 것인데 부부유정(夫婦有情)의 형상이라고도 한다. 간합(干合)에는 5가지가 있다.

甲己合土	乙庚合金	丙辛合水	丁壬合木	戊癸合火

1) 갑기합토(甲己合土)

갑기합토(甲己合土)는 중정지합(中正之合)이라고도 하는데 사주에 있으면 분수를 지키며 도량이 넓고 타인과 화합을 잘하여 존경받는다. 갑(甲)일생이 기(己)와 합하면 신의는 있으나 지능이 다소 부족하고, 기(己)일생이 갑(甲)과 합하면 신의가 부족하며 우유부단하다.

```
년 월 일 시
丙 己 甲 庚          庚辛壬癸甲乙丙丁
子 亥 子 午          子丑寅卯辰巳午未
```

갑목일주(甲木日主)가 해(亥)월에 태어났는데 월상(月上)에 기토(己土)가 들어 갑기(甲己)가 간합(干合)하여 중정지합(中正之合)이 되었다. 따라서 비교적 신의는 있었지만 사악한 지혜가 많아 종종 문제를 일으켰다. 호색적이라 여자문제도 많았다.

```
년 월 일 시
甲 辛 己 甲          壬癸甲乙丙丁戊己
辰 未 未 子          申酉戌亥子丑寅卯
```

기토일주(己土日主)가 미(未)월에 태어났는데 시상(時上)에 갑목(甲木)이 들어 중정지합(中正之合)이 되었다. 토기(土氣)가 너무 많아 용맹함은 넘치나 신의가 없고, 목소리가 혼탁하며 예의범절이 없었다. 그러나 말년에는 재물을 많이 모아 노년이 평안하였다.

2) 을경합금(乙庚合金)

을경합금(乙庚合金)은 인의지합(仁義之合)이라고도 하는데 사주
에 있으면 과감하며 강직하고 인의가 두터우나 난폭한 경향이 있
다. 을(乙)일생이 경(庚)과 합하면 부화뇌동하는 경향이 많으며 주
체성이 약하고, 경(庚)일생이 을(乙)과 합하면 정의감이 강하나 때
로는 용기가 지나쳐 혈기를 부리는 경향이 있다.

```
년  월  일  시
丁  庚  乙  庚        辛壬癸甲乙丙丁戊
亥  戌  酉  辰        亥子丑寅卯辰巳午
```

을목일주(乙木日主)가 술(戌)월에 태어났는데 월상(月上)과 시상
(時上)에 경금(庚金)이 들어 을경합(乙庚合)을 2번하였다. 따리서
예의와 결단력이 부족하였고, 남자문제와 관재구설이 많았다. 3번
결혼했으나 모두 실패하였다.

```
년  월  일  시
乙  乙  庚  丁        丙丁戊己庚辛壬癸
巳  酉  午  亥        戌亥子丑寅卯辰巳
```

경금일주(庚金日主)가 유(酉)월에 태어났는데 월상(月上)과 년상

(年上)에 을목(乙木)이 들어 역시 을경합(乙庚合)을 2번하였다. 따라서 자비심이 부족하며 의로운 일을 과장하고, 남자문제가 복잡하며 관재구설이 많았다.

3) 병신합수(丙辛合水)

병신합수(丙辛合水)는 위엄지합(威嚴之合)이라고도 하는데 사주에 있으면 지혜가 넘치나 편견이 강하고, 때로는 잔인하며 호색적인 면이 많다. 병(丙)일생이 신(辛)과 합하면 주체성이 부족하며 관재구설이 많고, 신(辛)일생이 병(丙)과 합하면 천성은 좋으나 낭비가 심하다.

```
년 월 일 시
癸 辛 丙 辛          庚己戊丁丙乙甲
丑 酉 申 卯          申未午巳辰卯寅
```

본명은 병화일주(丙火日主)가 유(酉)월에 태어났는데 월상(月上)과 시상(時上)에 신금(辛金)이 들어 병신합수(丙辛合水)를 2번이나 하였다. 따라서 인자하나 예의가 부족하였고, 여자문제와 재난이 많았으며 주체성이 부족하였다.

```
년 월 일 시
丁 丙 辛 甲          乙甲癸壬辛庚己戊
卯 午 丑 午          巳辰卯寅丑子亥戌
```

신금일주(辛金日主)가 오(午)월에 태어났는데 월상(月上)에 병화(丙火)가 들어 병신합수(丙辛合水)가 되었다. 따라서 대망을 품지 못하고 매사 소극적이며 가정적이었고, 관재구설로 상심이 많았다.

4) 정임합목(丁壬合木)

정임합목(丁壬合木)은 인수지합(仁壽之合)이라고도 하는데 사주에 있으면 인자하며 자비심이 많으나 질투심이 많다. 정(丁)일생이 임(壬)과 합하면 질투심과 욕심이 많고, 임(壬)일생이 정(丁)과 합하면 인정이 많고 후덕하나 낭비벽이 심한 경향이 있다.

```
년  월  일  시
甲  丁  丁  壬        丙乙甲癸壬辛庚己
辰  卯  酉  寅        寅丑子亥戌酉申未
```

정회일주(丁火日主)가 묘(卯)월에 태어났는데 시상(時上)에 임수(壬水)가 투출(透出)하여 정임합목(丁壬合木)이 되었다. 따라서 재물복이 많고 예의가 바르며 정의감이 있고 신용이 돈독하였다. 질투심이 약간 있었으나 현모양처였다.

```
년  월  일  시
戊  辛  壬  丁        庚己戊丁丙乙甲癸
子  酉  酉  未        申未午巳辰卯寅丑
```

임수일주(壬水日主)가 유(酉)월에 태어났는데 시상(時上)에 정화(丁火)가 들어 정임합목(丁壬合木)이 되었다. 따라서 지혜가 많으며 예의범절을 잘 지키고, 신의가 돈독하며 자녀교육에 힘썼다. 그러나 종종 혈기를 부리며 남편을 잘 섬기지 않아 좋은 아내는 아니었다.

5) 무계합화(戊癸合火)

무계합화(戊癸合火)는 무정지합(無情之合)이라고도 하는데 사주에 들면 무정하나 예의범절은 있다. 무(戊)일생이 계(癸)와 합하면 재물에 대한 애착이 강하고 호색적이며 여자에 대하여 관대하고, 계(癸)일생이 무(戊)와 합하면 법문제와 남자문제가 많고, 주체성을 잃을 경향이 많다.

```
년 월 일 시
丙 壬 戊 癸        癸甲乙丙丁戊己庚
午 辰 申 丑        巳午未申酉戌亥子
```

무토일주(戊土日主)가 진(辰)월에 태어났는데 시상(時上)에 계수(癸水)가 들어 무계합화(戊癸合火)가 되었다. 재물복이 많고 애처가이며 고집이 강하였다. 매우 호색적이라 첩을 2명이나 두었고, 부하가 수백 명이나 되는 등 주변에 사람이 많았다.

```
년  월  일  시
丙  庚  癸  戊            辛壬癸甲乙丙丁戊
子  子  未  午            丑寅卯辰巳午未申
```

계수일주(癸水日主)가 자(子)월에 태어났는데 시상(時上)에 무토 (戊土)가 들어 무계합화(戊癸合火)가 되었다. 따라서 사악한 지혜 와 권모술수가 많았으나, 재물복이 많으며 가정을 중시하였고 사업 수완이 좋아 천금을 희롱하였다. 초년과 청년기에는 고전했으나 중 년부터 발복하여 부귀영화를 누렸다.

2. 육합(六合)

육합(六合)은 지합(支合)이라고도 하는데 합을 한 결과가 길성에 해당하면 길운이 더 좋아지고, 흉성에 해당하면 흉운이 더 흉해진 다. 길성과 흉성에 관해서는 용신(用神) 편에서 논하기도 한다. 육 합(六合)에는 6가지가 있다.

子丑合土	辰酉合金	巳申合水	寅亥合木	卯戌合火	午未合無

1) 자축합토(子丑合土)

```
년  월  일  시
戊  己  己  甲            庚辛壬癸甲乙丙丁
辰  未  丑  子            申酉戌亥子丑寅卯
```

기토일주(己土日主)가 미(未)월에 태어났는데 일지(日支)에 축토(丑土)가 들고 시지(時支)에 자수(子水)가 들어 자축합토(子丑合土)가 되었다. 본명은 토(土)가 너무 많아 토(土)가 기신(忌神)에 해당하는데 다시 합하여 토(土)를 더 보태주니 사주가 흉해졌다. 기신(忌神)이란 흉한 운을 말하는데 용신(用神) 편에서 상세하게 설명하기로 한다.

2) 인해합목(寅亥合木)

년	월	일	시								
癸	辛	丙	己		壬	癸	甲	乙	丙	丁	戊	己
酉	酉	寅	亥		戌	亥	子	丑	寅	卯	辰	巳

병화일주(丙火日主)가 유(酉)월에 태어났는데 일지(日支)에 인목(寅木)이 들고 시지(時支)에 해수(亥水)가 들어 인해합목(寅亥合木)이 되었다. 금기(金氣)가 많고 목기(木氣)가 허약한데 인해(寅亥)가 합하여 목(木)을 더하니 좋은 사주가 되었다. 따라서 자식들에게는 현모였고 남편에게는 양처였다.

3) 묘술합화(卯戌合火)

년	월	일	시								
乙	丙	戊	癸		乙	甲	癸	壬	辛	庚	己	戊
卯	戌	子	亥		酉	申	未	午	巳	辰	卯	寅

무토일주(戊土日主)가 술(戌)월에 태어났는데 년지(年支)에 묘(卯)가 들어 묘술합화(卯戌合火)가 되었다. 사주에 수기(水氣)가 많으니 제방하려면 토(土)가 필요하고, 조후(調候)하려면 화(火)가 필요한데 묘술(卯戌)이 합하여 화(火)를 더하니 좋은 사주가 되었다. 따라서 오(午)대운에 출세 성공하였다. 조후(調候)란 차가운 기운과 따뜻한 기운과 건조한 기운과 습한 기운의 조화를 말한다. 조후(調候)에 대해서도 뒤에서 상세하게 논할 것이다.

4) 진유합금(辰酉合金)

년	월	일	시							
戊	乙	戊	辛	甲	癸	壬	辛	庚	己	戊	丁
寅	卯	辰	酉	寅	丑	子	亥	戌	酉	申	未

무토일수(戊土日主)가 묘(卯)월에 태어났는데 일지(日支)에 진토(辰土)가 들고 시지(時支)에 유금(酉金)이 들어 진유합금(辰酉合金)이 되었다. 사주에 목기(木氣)가 강하니 금극목(金剋木)이 유리한데 진유합금(辰酉合金)이 들어 좋은 사주가 되었다. 따라서 현모양처가 되었고, 신의가 돈독하며 정의감이 강하였다.

5) 신사합수(申巳合水)

```
년 월 일 시
丙 丙 丁 丙        丁戊己庚辛壬癸甲
午 申 巳 午        酉戌亥子丑寅卯辰
```

정화일주(丁火日主)가 신(申)월에 태어났는데 일지(日支)에 사(巳)가 들어 신사합수(申巳合水)가 되었다. 화기(火氣)는 강하고 수기(水氣)는 약한데 신사합수(申巳合水)하여 화기(火氣)를 억제하며 약한 금기(金氣)를 구해주니 좋은 사주가 되었다. 따라서 부모덕과 형제덕은 없었지만 자수성가하여 많은 재산을 모았다.

6) 오미합화(午未合火)

```
년 월 일 시
乙 壬 甲 辛        癸甲乙丙丁戊己庚
卯 午 午 未        未申酉戌亥子丑寅
```

갑목일주(甲木日主)가 오(午)월생인데 시지(時支)에 미토(未土)가 들어 오미합화(午未合火)가 되었다. 이미 화기(火氣)가 강한데 다시 오미(午未)가 합(合火)하여 화기(火氣)를 더해주니 흉한 사주가 되었다. 따라서 예의범절이 없고 언쟁이 많았다. 사주에 화기(火氣)가 넘치면 성급하며 무례하고 입이 가벼워 말실수를 많이 한다.

3. 삼합(三合)

삼합(三合)은 지지(地支) 3개가 모여 합을 이루는 것인데 육합(六合)보다 작용이 강하다. 그리고 2가지만 모여도 반합(半合)이라 하여 작용을 한다. 삼합(三合)이 용신(用神)이면 대길하고, 기신(忌神)이면 대흉하다. 삼합(三合)에는 4가지가 있다.

亥卯未合木	寅午戌合火	巳酉丑合金	申子辰合水

1) 해묘미합목(亥卯未合木)

```
년  월  일  시
壬  丁  己  乙          戊己庚辛壬癸甲乙
辰  未  卯  亥          申酉戌亥子丑寅卯
```

기토일주(己土日主)가 미(未)월에 태어났는데 지지(地支)에서 해묘미(亥卯未)가 삼합(三合)하여 목기(木氣)와 토기(土氣)가 강하니 제극(制剋)해야 한다. 해묘미(亥卯未) 삼합(三合)은 길작용을 하여 대길한 사주가 되었다. 따라서 해(亥) 대운부터 발복하여 부귀영화를 누렸다.

2) 인오술합화(寅午戌合火)

```
년 월 일 시
丁 丙 丙 戊        丁戊己庚辛壬癸甲
亥 午 寅 戌        未申酉戌亥子丑寅
```

병화일주(丙火日主)가 오(午)월에 태어났는데 지지(地支)에서 인오술(寅午戌)이 삼합(三合)하여 화국(火局)을 이루니 화기(火氣)가 태강하다. 본명에서 화기(火氣)는 기신(忌神)인데 삼합(三合)하여 화기(火氣)를 더 보태주니 삼합(三合)이 오히려 흉해졌다. 따라서 평생 재물을 모으지 못하였고, 무슨 일을 해도 성공하지 못하였다.

3) 사유축합금(巳酉丑合金)

```
년 월 일 시
丁 乙 丁 丙        甲癸壬辛庚己戊丁
丑 巳 酉 午        辰卯寅丑子亥戌酉
```

정화일주(丁火日主)가 사(巳)월에 태어났는데 지지(地支)에 사유축(巳酉丑)이 들어 삼합(三合)을 이루어 금국(金局)이 되었다. 본명은 화기(火氣)가 강하여 금수(金水)가 길성에 해당하는데 사유축(巳酉丑) 삼합(三合)은 길작용을 한다. 따라서 재물복이 많아 수만 석을 모았고, 아내복이 많아 현모양처를 만났다. 앞에서 설명한 것처럼 삼합(三合)을 한 결과가 길성에 해당하면 길복이 더 많아지고, 흉성에 해당하면 흉함이 더 많아진다.

4) 신자진합수(申子辰合水)

```
년  월  일  시
壬  壬  壬  壬        辛庚己戊丁丙乙甲
申  子  辰  寅        亥戌酉申未午巳辰
```

임수일주(壬水日主)가 자(子)월에 태어났는데 지지(地支)에서 신자진(申子辰)이 삼합(三合)하여 수국(水局)을 이루었다. 수기(水氣)가 넘치는데 삼합(三合)하여 수기(水氣)를 더 보태주니 더 흉해졌다. 따라서 남편에게 버림받았고 재물도 없어 빈천하게 독수공방하였다. 나이가 들어서는 부인병에 걸려 고생하다 생을 마쳤다.

4. 방합(方合)

방합(方合)은 방위의 합인데 합 중에서 작용이 가장 강하다. 즉 인묘진(寅卯辰)은 동방의 합, 사오미(巳午未)는 남방의 합, 신유술(申酉戌)은 서방의 합, 해자축(亥子丑)은 북방의 합이다. 방합(方合)의 결과가 용신(用神)이 되면 대길하고, 기신(忌神)이 되면 대흉하다. 그러나 대부분 기신(忌神) 작용을 한다.

寅子辰合木	巳午未合火	申酉戌合土	亥子丑合水

1) 인묘진합목(寅卯辰合木)

```
년 월 일 시
甲 丁 庚 丙        戊己庚辛壬癸甲乙
寅 卯 辰 戌        辰巳午未申酉戌亥
```

경금일주(庚金日主)가 묘(卯)월에 태어나 인묘진(寅卯辰)이 방합(方合)을 이루었다. 따라서 목(木)은 기신(忌神) 작용을 하는데 방합(方合)이 되어 목기(木氣)를 더 강하게 하니 흉한 사주가 되었다. 그러나 시지(時支)에 술토(戌土)가 들어 신약(身弱)한 경금(庚金)을 보호해주니 흉이 많이 줄어들었다. 본명은 재다신약(財多身弱) 사주가 되어 평생 여자문제와 재산문제가 많이 따랐다.

2) 사오미합화(巳午未合火)

```
년 월 일 시
丁 丙 癸 丁        丁戊己庚辛壬癸甲
亥 午 未 巳        未申酉戌亥子丑寅
```

계수일주(癸水日主)가 오(午)월에 태어났다. 화기(火氣)가 태왕하여 흉한데 사오미(巳午未)가 방합(方合)하여 화기(火氣)를 더 보태주니 더 흉한 사주가 되었다. 따라서 팔자가 사나워져 3번 결혼했으나 모두 이혼하는 어려움을 겪었고, 건강복도 없어 항상 병마에 시달렸다. 이처럼 방합(方合)은 대개 흉작용을 한다.

3) 신유술합금(申酉戌合金)

```
년  월  일  시
乙  甲  乙  丙        癸壬辛庚己戊丁丙
巳  申  酉  戌        未午巳辰卯寅丑子
```

을목일주(乙木日主)가 신(申)월에 태어나 신유술(申酉戌)이 방합(方合)하니 금기(金氣)가 태왕하여 기신(忌神) 작용을 한다. 따라서 아내복이 없었고 관재구설이 많았으며, 관살(官殺)이 모두 기신(忌神) 작용을 하니 직업운도 불리하였다. 게다가 월상(月上)에는 갑목(甲木)이, 년상(年上)에는 을목(乙木)이 투출(透出)하여 종격(從格)도 될 수 없어 일생이 파란만장하였다. 종격(從格)에 대해서도 뒤에서 자세하게 설명할 것이다.

4) 해자축합수(亥子丑合水)

```
년  월  일  시
戊  癸  乙  癸        壬辛庚己戊丁丙乙
子  亥  丑  未        戌酉申未午巳辰卯
```

을목일주(乙木日主)가 해(亥)월에 태어나 수기(水氣)가 강한데 지지(地支)에서 해자축(亥子丑)이 방합(方合)을 이루어 수기(水氣)가 넘치니 수(水)는 더 심하게 흉작용을 한다. 따라서 사주가 더 흉하게 되어 남편복이 없었고, 건강도 좋지 않아 자궁에 큰 병이 생겨 오래 고생하였다. 그러나 시지(時支)에 미토(未土)가 들어 길작용을 하니 말년에는 평안하게 보냈다.

2. 형(刑)

형(刑)은 경찰서나 법원이나 감옥에 들어간다는 흉살이므로 사주에 있으면 항상 관재구설을 조심해야 한다. 형(刑)에는 4가지가 있다. 세력을 믿고 날뛰다가 감옥에 들어가는 인사신(寅巳申)의 지세지형(持勢之刑), 배은망덕하는 축술미(丑戌未)의 무은지형(無恩之刑), 예의범절이 없는 자묘(子卯)의 무례지형(無禮之刑), 자살하는 진오유해(辰午酉亥)의 자형(自刑)이다. 그러나 자형(自刑)은 같은 오행이 2개 이상 있으면 해당한다.

寅巳申刑	丑戌未刑	子卯刑	自刑

1) 인사신형(寅巳申刑)

지세지형(持勢之刑)이라고도 하는데 사주에 있으면 세력을 믿고 함부로 날뛰다 감옥에 들어간다는 흉살이다.

```
년  월  일  시
甲  己  丙  甲          庚辛壬癸甲乙丙丁
寅  巳  申  午          午未申酉戌亥子丑
```

병화일주(丙火日主)가 사(巳)월에 태어나 화기(火氣)가 태왕한데 인사신(寅巳申) 삼형(三刑)이 들어 지세지형(持勢之刑)이 되었다. 따라서 성격이 난폭하고 무례하며 부모 형제의 배경을 믿고 함부로 날뛰다 감옥에 들어갔다. 본명에서는 행운(行運)에서 화(火)운을 만나면 기신(忌神) 작용을 하므로 재물손실이 따르고 무례하며 관재구설이 따른다.

2) 축술미형(丑戌未刑)

무은지형(無恩之刑)이라고도 하는데 사주에 있으면 은혜를 모르고 배은망덕하며 경찰서나 감옥에 들어가는 흉살이다.

```
년  월  일  시
丁  庚  乙  乙          辛壬癸甲乙丙丁戊
丑  戌  未  酉          亥子丑寅卯辰巳午
```

을목일주(乙木日主)가 술(戌)월에 태어나 토기(土氣)가 넘치는데 축술미(丑戌未) 삼형(三刑)이 들어 무은지형(無恩之刑)이 되었다. 따라서 은혜를 모르고 배은망덕하다 감옥에 들어갔다. 본명에서는 토(土)운이 가장 흉하다. 따라서 행운에서 진술축미(辰戌丑未)와 신유(申酉)가 들어오면 반드시 관재구설과 재물손실이 따르며 남자문제가 복잡하다.

3) 자묘형(子卯刑)

무례지형(無禮之刑)이라고도 하는데 사주에 있으면 예의범절이 없어 무례하게 행동하다 감옥에 들어간다는 흉살이다. 자오묘유(子午卯酉) 중 2자만 있어도 해당하는 것을 많이 보았다.

년	월	일	시								
辛	辛	甲	癸		庚	己	戊	丁	丙	乙	甲	癸
卯	卯	子	酉		寅	丑	子	亥	戌	酉	申	未

갑목일주(甲木日主)가 묘(卯)월에 태어나 목기(木氣)가 태과한데 자묘(子卯) 삼형(三刑)이 들어 무례지형(無禮之刑)이 되었다. 사주에 화기(火氣)가 너무 많거나 부족하면 예의범절을 모르는데 화기(火氣)가 일점도 없으니 무례하여 감옥에 들어갔다. 본명은 목(木)운과 수(水)운을 만나면 대흉한데 년상(年上)과 월상(月上)에 신금(辛金)이 들고 유(酉)시에 해당하니 종격(從格)도 될 수 없고, 용신(用神)이 허약한 사주가 되었다. 따라서 아내복과 재물복이 없어 백수건달이 되었다.

4) 자형(自刑)

지지(地支)에 같은 글자가 2개 이상 모이면 자형(自刑)이 되는데 사주에 들면 자포자기하거나 심하면 자살한다는 흉살이다.

```
년 월 일 시
庚 壬 丙 甲          辛庚己戊丁丙乙甲
午 午 午 午          巳辰卯寅丑子亥戌
```

병화일주(丙火日主)가 오(午)월에 태어나 지지(地支)가 온통 오화(午火)로 구성되어 화기(火氣)가 태과하다. 따라서 자형살(自刑殺)에 해당하여 팔자가 파란만장하였다. 성격이 불같이 급하여 남편과 싸우고는 참지 못하고 몸에 기름을 뿌리고 불을 질러 자살하였다. 본명은 화(火)운을 만나면 대흉하고, 목기(木氣)를 만나도 흉하다.

3. 충(相沖)

형충파해(刑沖破害) 중에서 충(沖)이 흉작용이 가장 심하다. 충(沖)은 100km로 달리던 자동차가 정면에서 오는 차와 충돌하는 것과 같다. 기신(忌神)이 용신(用神)을 충(沖)하면 대흉하고, 용신(用神)이 기신(忌神)을 충(沖)하면 크게 발복한다.

甲庚沖	乙辛沖	丙壬沖	丁癸沖

1. 천간충(天干沖)

천간충(天干相沖)에는 4가지가 있는데 용신(用神)을 충(沖)하면 대흉하다.

1) 갑경충(甲庚沖)

```
년 월 일 시
戊 庚 甲 癸          辛壬癸甲乙丙丁戊
戌 申 午 酉          酉戌亥子丑寅卯辰
```

갑목일주(甲木日主)가 신(申)월에 태어났는데 월상(月上)에 경금(庚金)이 투출(透出)하여 갑경(甲庚)이 충(沖)되었다. 경금(庚金)은 철물에 해당하니 경(庚)년에 자동차사고로 머리에 큰 상처를 입었다. 본명은 경신(庚辛) 신유(申酉)운에는 항상 사고위험이 따른다. 사주에 충(相沖)이 들었는데 행운에서 기신(忌神)운을 만나면 대형사고가 일어나고, 충(沖)은 없으나 기신(忌神)운을 만나면 중소형사고를 당한다.

2) 을신충(乙辛沖)

```
년 월 일 시
乙 辛 丙 己          壬癸甲乙丙丁戊己
卯 巳 午 丑          午未申酉戌亥子丑
```

병화일주(丙火日主)가 사(巳)월에 태어나 화기(火氣)가 태왕한데 년상(年上) 을목(乙木)과 월상(月上) 신금(辛金)이 있어 을신(乙辛)이 충(沖)되었다. 따라서 을묘(乙卯)년에 사기를 당하여 많은 재물을 잃었다. 그리고 일지(日支) 오화(午火)가 기신(忌神)에 해당하여 남편복도 없었다. 남편은 무례한 사람이었고 부부간에 애정이 없었다. 그래도 시주(時柱)가 기축(己丑)이니 자식이 총명하여 노년에는 자식에게 의지하며 평안하게 살았다.

3) 병임충(丙壬沖)

년	월	일	시							
己	壬	丙	辛	辛	庚	己	戊	丁	丙	乙	甲
亥	申	申	卯	未	午	巳	辰	卯	寅	丑	子

병화일주(丙火日主)가 신(申)월에 태어나 신약(身弱)한데 월상(月上) 임수(壬水)가 투출(透出)하여 병임(丙壬)이 충(沖)하여 흉한 사주가 되었다. 따라서 관재구설이 많았고, 남편복도 없어 난폭하며 무례한 남편을 만났다. 신(申)에 임수(壬水)가 들어 금생수(金生水)하여 기신(忌神)이 더 왕성해지니 불행이 더 많이 발생한 것이다. 그러나 재물복은 넉넉하였다. 이런 사주를 돈 많은 과부팔자라고 한다.

4) 정계충(丁癸沖)

```
년  월  일  시
甲  丁  癸  乙          丙乙甲癸壬辛庚己
申  卯  卯  卯          寅丑子亥戌酉申未
```

계수일주(癸水日主)가 묘(卯)월에 태어나 신약(身弱)한데 월상(月
上)에 정화(丁火)가 투출(透出)하여 정계(丁癸)가 충(沖)하니 흉한
사주가 되었다. 따라서 남편복이 없어 결혼한 지 3년을 넘기지 못
하고 파혼하였고, 재물복도 없어 빈천한 팔자가 되었다. 앞의 사주
는 돈이라도 많았지만 이 사람은 돈도 없으니 빈천한 과부가 되어
파란만장한 일생을 보냈다.

2. 지지충(地支沖)

지지(地支)에는 6가지 충(沖)이 있다. 사주에서 용신(用神)이 충
(沖)되면 매우 해롭고, 년지(年支)와 월지(月支)가 충(相沖)하면
조부모와 부모 사이가 나쁘고, 월지(月支)와 일지(日支)가 충(相
沖)하면 부모와 자신의 사이가 나쁘고, 일지(日支)와 시지(時支)가
충(沖)하면 자신과 자식 사이가 나쁘다.

子午沖	丑未沖	寅申沖	卯酉沖	辰戌沖	巳亥沖

1) 자오충(子午沖)

```
년  월  일  시
丙  甲  戊  辛          乙丙丁戊己庚辛壬
子  午  辰  酉          未申酉戌亥子丑寅
```

  년지(年支)에 자수(子水)가 들었는데 월지(月支)가 오화(午火)이니 자오충(子午沖)이 되었다. 년주(年柱)는 조상궁이고 월주(月柱)는 부모궁인데 상충(相沖)하니 조부모와 아버지 사이가 나빴다. 본명은 자수(子水)가 용신(用神)이고 오화(午火)는 기신(忌神)이니 조부모 때는 부유했지만 부모가 탕진하여 고전하다가 본인이 다시 재물을 모았다. 시주(時柱) 신유(辛酉)는 한신(閑神)이니 자식들은 무해무덕하였다. 한신(閑神)은 길작용도 흉작용도 하지 않는다.

2) 축미충(丑未沖)

```
년  월  일  시
丁  丁  癸  癸          戊己庚辛壬癸甲乙
未  未  丑  丑          申酉戌亥子丑寅卯
```

  계수일주(癸水日主)가 미(未)월에 태어나 일지(日支) 축토(丑土)와 축미(丑未) 상충(相沖)하였다. 일지(日支)는 남편궁이니 남편과 부모가 자주 다투었고, 시상(時上) 계수(癸水)는 용신(用神)에 해당하니 자식복이 있었고, 일지(日支) 축토(丑土)도 역시 길하여 남편복이 있어 신용 있고 책임감이 강한 남편을 만났으니 비교적 복이 많은 사주다. 성격은 지혜가 많았으나 화기(火氣)가 넘치니 무례한 면이 있었고, 토기(土氣)가 넘치니 고집이 있었고, 관살(官殺)이 넘치니 종종 법문제와 남자문제가 발생하였다.

3) 인신충(寅申沖)

년	월	일	시							
辛	丙	甲	丙	乙	甲	癸	壬	辛	庚	己	戊
丑	申	申	寅	未	午	巳	辰	卯	寅	丑	子

　갑목일주(甲木日主)가 신(申)월에 태어났는데 시지(時支)에 인목(寅木)이 있으니 인신(寅申)이 충(沖)되었다. 시주(時柱)는 자녀궁이니 아내와 자식 사이에 언쟁과 충돌이 잦았다. 일지(日支) 신금(申金)은 기신(忌神)에 해당하니 난폭하며 고집이 세고 무례한 아내를 만났다. 그러나 자식들은 총명하며 착하였다. 이 사람은 재물복이 많은 홀아비 사주라고 할 수 있다.

4) 묘유충(卯酉沖)

년	월	일	시							
庚	己	辛	丁	戊	丁	丙	乙	甲	癸	壬	辛
戌	卯	卯	酉	寅	丑	子	亥	戌	酉	申	未

신금일주(辛金日主)가 묘(卯)월에 태어나 묘유(卯酉)가 충(沖)하니 남편과 자식이 충돌한다. 남편은 자식을 하나 남겨두고 일찍 황천길로 떠났으나, 유산을 잘 관리하여 재산을 많이 모으며 살았다. 신강(身强)한데 재성(財星)도 강하니 수천 석을 쌓고 부유하게 살았던 것이다. 다만 남편복이 없으니 독수공방은 피할 길이 없었다.

4. 파(破)

파(破)는 만사가 수포로 돌아가는 살이다. 충(沖)이 정면으로 충돌하는 것이라면 파(破)는 측면으로 충돌하는 것이다. 따라서 충(沖)보다는 흉이 가벼우나 용신(用神)을 충(沖)하면 대흉하다. 년지(年支)와 월지(月支)가 파(破)하면 조부모와 부모 사이가 나쁘고, 월지(月支)와 일지(日支)가 파(破)하면 부모와 자신의 사이가 나쁘고, 일지(日支)와 시지(時支)가 파(破)하면 자신과 자식 사이가 나쁘다. 파(破)에도 6가지가 있다.

子酉破	寅亥破	丑辰破	卯午破	巳申破	戌未破

1) 자유파(子酉破)

년 월 일 시

庚 乙 丙 己 　　　丙丁戊己庚辛壬癸

子 酉 申 亥 　　　戌亥子丑寅卯辰巳

병화일주(丙火日主)가 유(酉)월에 태어났는데 년지(年支)에 자수(子水)와 월지(月支)에 유금(酉金)이 들어 자유파(子酉破)가 되었다. 따라서 조부모와 부모의 사이가 나빴다. 그리고 본명은 조상덕과 부모덕도 부족하고, 일지(日支) 신금(申金)이 기신(忌神)에 해당하여 아내복도 없으니 불리한 면이 너무 많은 사주다. 유운득복(有運得福). 운이 있으면 복을 얻는다는 뜻이다. 그러나 본명은 무운불득(無運不得)이라 운이 없으니 얻을 복도 없었다.

2) 오묘파(午卯破)

년	월	일	시								
丁	丙	丁	己		丁	戊	己	庚	辛	壬	癸 甲
卯	午	巳	酉		未	申	酉	戌	亥	子	丑 寅

정화일주(丁火日主)가 오(午)월에 태어나 신강(身强)한데 오묘(午卯)가 파(破)하니 남편이 부모와 많이 충돌하였고, 남편과 이별하고 독수공방하였다. 그러나 재물복이 있어 사업으로 성공하여 재물은 많이 모아 돈 많은 과부팔자가 되었다. 물론 돈 없는 과부팔자보다야 낫지만 고독한 마음은 누가 알아주겠는가.

3) 신사파(申巳破)

```
년  월  일  시
癸  戊  戊  丁          丁丙乙甲癸壬辛庚
卯  午  申  巳          巳辰卯寅丑子亥戌
```

  무토일주(戊土日主)가 오(午)월에 태어나 화기(火氣)가 태강한데 신사(申巳)가 파(破)하니 아내와 자식이 싸우는 형상이다. 일지(日支) 신(申)의 임수(壬水)가 용신(用神)에 해당하고, 금(金)은 길하여 아내복이 있으나, 화기(火氣)가 넘치니 종종 무례한 혈기가 나타난다. 무토일주(戊土日主)가 신강(身强)하면 성급하며 단순하고 고집이 세다. 년상(年上)에 계수(癸水)가 투출(透出)했으나 무계합(戊癸合)하여 화(火)로 변하니 쓸모가 없어졌다.

4) 인해파(寅亥破)

```
년  월  일  시
壬  癸  壬  辛          壬辛庚己戊丁丙乙
寅  丑  午  亥          子亥戌酉申未午巳
```

  임수일주(壬水日主)가 축(丑)월에 태어났다. 년지(年支) 인목(寅木)과 시지(時支) 해수(亥水)가 파(破)하지만 서로 멀리 떨어져 있어 크게 흉하지는 않다. 즉 거리가 멀면 파(破) 작용을 하지 않는다. 사주에 수기(水氣)가 넘치고, 일지(日支) 오화(午火)가 용신(用神)에 해당하니 남편복이 있었고, 재물복도 넉넉하였다. 본명은 사오미(巳午未)운에 발복하였고, 해자축(亥子丑)운에는 고전하였다.

5. 해(害)

해(害)는 만사에 해로운 일이 생긴다는 살인데 6가지가 있다. 년지(年支)와 월지(月支)가 상충(相沖)하면 조부모와 부모 사이가 나쁘고, 월지(月支)와 일지(日支)가 상충(相沖)하면 부모와 자신의 사이가 나쁘고, 일지(日支)와 시지(時支)가 상충(相沖)하면 자신과 자식 사이가 나쁘다.

子未害	丑午害	寅巳害	卯辰害	申亥害	酉戌害

1) 자미해(子未害)

년	월	일	시							
戊	己	丙	甲	庚	辛	壬	癸	甲	乙	丙	丁
子	未	午	午	申	酉	戌	亥	子	丑	寅	卯

병화일주(丙火日主)가 미(未)월에 태어나 화기(火氣)가 태과하다. 년지(年支) 자수(子水)와 월지(月支) 미토(未土)가 해살(害殺)에

해당한다. 년지(年支) 자수(子水)는 용신(用神)에 해당하고, 월지(月支) 미토(未土)는 기신(忌神)에 해당한다. 따라서 조부모가 이룬 많은 재산을 부모가 모두 탕진하여 알거지가 되었다. 그후 다시는 발복하지 못하고 빈천하게 살았다. 화기(火氣)가 넘치니 병인(丙寅)년은 대흉한데 집에 화재가 발생하여 불에 타죽었다.

2) 축오해(丑午害)

년	월	일	시
癸	乙	戊	癸
亥	丑	午	亥

丙丁戊己庚辛壬癸
寅卯辰巳午未申酉

무토일주(戊土日主)가 축(丑)월에 태어나 신약(身弱)하고, 월지(月支) 축토(丑土)와 일지(日支) 오화(午火)가 해살(害殺)에 해당한다. 시주에 수기(水氣)가 많아 기신(忌神)에 해당하니 일지(日支) 오화(午火)가 용신(用神)이다. 따라서 부모덕은 없었으나 남편덕은 많아 인자하며 예의가 바른 사람을 만났고 오래 살았다.

3) 인사해(寅巳害)

년	월	일	시
丁	壬	甲	己
亥	寅	寅	巳

辛庚己戊丁丙乙甲
丑子亥戌酉申未午

갑목일주(甲木日主)가 인(寅)월에 태어났고, 사주에 목기(木氣)가 강하여 신강(身强)하다. 시지(時支)에 사화(巳火)가 들어 인사해살(寅巳害殺)이 되었다. 따라서 아내복이 없고, 부모 형제와 인연이 희박하였다. 인신사해(寅申巳亥)는 역마(驛馬)에 해당하는데 지지(地支)가 모두 역마(驛馬)가 되어 평생 분주하였다. 넘치는 목기(木氣)를 제극(制剋)하려면 금기(金氣)가 필요한데 일점도 없으니 불행한 사주가 되어 평생 의식주가 곤란하였다.

4) 묘진해(卯辰害)

년	월	일	시								
戊	甲	辛	辛		癸	壬	辛	庚	己	戊	丁	丙
辰	寅	卯	卯		丑	子	亥	戌	酉	申	未	午

신금일주(辛金日主)가 인(寅)월에 태어났고, 년지(年支)에 진토(辰土)가 들어 묘진해살(卯辰害殺)이 되었다. 일지(日支)와 시지(時支) 묘목(卯木)은 기신(忌神)에 해당하니 남편복과 자식복이 없었다. 인묘진(寅卯辰)이 방합(方合)을 이루어 목기(木氣)가 더 태과해져 건강에 문제도 많아 간·담·신경에 만성적인 질병이 있었고, 호흡기에도 문제가 많았다. 본명은 인묘(寅卯)의 목(木)운이 가장 해롭고, 다음은 해자(亥子)의 수(水)운이 해롭다. 신유(申酉)의 금기(金氣)는 용신(用神)이니 길하고, 진술축미(辰戌丑未)의 토(土)운도 길하다.

6. 공망(空亡)

사주에 공망(空亡)이 들면 공망(空亡)이 든 오행의 작용은 감소한다. 즉 길성은 길운이 줄어든다. 공망(空亡)은 일주(日柱)를 중심으로 찾는다. 즉 일주(日柱)가 갑자(甲子)이면 술해(戌亥)가 공망(空亡)이고, 을해(乙亥)이면 신유(申酉)가 공망(空亡)이고, 병술(丙戌)이면 오미(午未)가 공망(空亡)이다.

공망조견표(空亡早見表)

甲子	乙丑	丙寅	丁卯	戊辰	己巳	庚午	辛未	壬申	癸酉	戌亥
甲戌	乙亥	丙子	丁丑	戊寅	己卯	庚辰	辛巳	壬午	癸未	申酉
甲申	乙酉	丙戌	丁亥	戊子	己丑	庚寅	辛卯	壬辰	癸巳	午未
甲午	乙未	丙申	丁酉	戊戌	己亥	庚子	辛丑	壬寅	癸卯	辰巳
甲辰	乙巳	丙午	丁未	戊申	己酉	庚戌	辛亥	壬子	癸丑	寅卯
甲寅	乙卯	丙辰	丁巳	戊午	己未	庚申	辛酉	壬戌	癸亥	子丑

1) 술해(戌亥) 공망(空亡)

```
년  월  일  시
甲  甲  壬  辛          乙 丙 丁 戊 己 庚 辛 壬
戌  戌  申  亥          亥 子 丑 寅 卯 辰 巳 午
```

본명은 일주(日柱)가 임신(壬申)이니 술해(戌亥)가 공망(空亡)이다. 따라서 년지(年支) 술(戌)이 공망(空亡)이고, 월지(月支) 술

(戌)도 공망(空亡)이며, 시지(時支) 해(亥)도 공망(空亡)이니 지지(地支)가 모두 공망(空亡)이다. 따라서 무슨 일을 해도 실패하였다. 재물복과 아내복도 없었고, 항상 직업이 불안정하여 평생 백수건달로 허송세월을 보내야만 하였다. 사주에 공망(空亡)이 3개나 들었으니 더 흉했던 것이다.

2) 오미(午未) 공망(空亡)

년	월	일	시								
乙	壬	癸	辛		癸	甲	乙	丙	丁	戊	己	庚
未	午	巳	酉		未	申	酉	戌	亥	子	丑	寅

일주(日柱)가 계사(癸巳)이니 오미(午未)가 공망(空亡)이 되었다. 년지(年支) 미토(未土)가 공망(空亡)이고, 월지(月支) 오화(午火)가 공망(空亡)이니 흉함이 많아 관재구설과 재난이 많이 따랐다. 그러나 말년에는 자식덕에 다소 평안하게 살다가 평안하게 임종하였다. 초년과 청년기에 고생한 것은 지지(地支)에 공망(空亡)이 들었기 때문이다.

5장. 신살(神殺)

1. 양인살(羊刃殺)

日干	甲	乙	丙	丁	戊	己	庚	辛	壬	癸
羊刃	卯	-	午	-	午	-	酉	-	子	-

양인살(羊刃殺)은 형벌·살기·강렬·성급·황폭·열사(烈士)·군인·무사·호걸·곤액 등이 따르는 흉살이다. 일간(日干)을 기준으로 찾는데 수로 양간(陽干)에만 적용하고 음간(陰干)에는 적용하지 않는다. 그러나 사주 어디에 있어도 적용된다.

1) 병오(丙午) 양인(羊刃)

```
년 월 일 시
癸 丁 丙 辛        丙乙甲癸壬辛庚己
亥 巳 午 卯        辰卯寅丑子亥戌酉
```

병화일주(丙火日主)는 지지(地支)에 오화(午火)가 있으면 양인살(羊刃殺)이 되는데 본명은 일지(日支)에 있으니 부부궁에 양인살(羊刃殺)이 들었다. 따라서 성격이 불같이 급하고 난폭하여 결국 이혼하였고, 친구들과 큰 싸움을 하다 감옥에 들어갔다. 이런 사주는 심신을 많이 수양해야 한다.

2) 경유(庚酉) 양인(羊刃)

```
년  월  일  시
壬  己  庚  戊          戊丁丙乙甲癸壬辛
申  酉  戌  寅          申未午巳辰卯寅丑
```

경금일주(庚金日主)는 지지(地支)에 유금(酉金)이 있으면 양인(羊刃)이 되는데 월지(月支)에 유금(酉金)이 있으니 부모궁에 양인살(羊刃殺)이 들었다. 따라서 성격이 난폭하며 시부모에게 불효하다 결국 쫓겨났고, 급한 성격을 다스리지 못하여 주변 사람들에게 경계의 대상이 되었다. 첫 결혼에 실패한 후 평생 독수공방하며 고독하게 살았다.

2. 비인살(飛刃殺)

日干	甲	乙	丙	丁	戊	己	庚	辛	壬	癸
飛刃	酉	戌	子	丑	子	丑	卯	辰	午	未

비인살(飛刃殺)은 양인(羊刃)과 비슷한데 일간(日干)을 기준으로 찾는다.

1) 갑유(甲酉) 비인(飛刃)

```
년 월 일 시
戊 辛 甲 甲        壬癸甲乙丙丁戊己
戌 酉 戌 子        戌亥子丑寅卯辰巳
```

갑목일주(甲木日主)가 유(酉)월에 태어나 비인살(飛刃殺)이 되었다. 비인살(飛刃殺)은 양인(羊刃)보다는 조금 약하다고 하나 사주에 따라 매우 흉한 경우도 있다. 본명은 비인살(飛刃殺)이 기신(忌神)에 해당하여 대인관계에서 자주 대립하였고, 관재구설과 여자문제가 많았고, 인덕이 없고, 부부갈등도 심하였다. 그러나 재운은 좋이 재물은 이느 정도 있었다.

2) 을술(乙戌) 비인(飛刃)

```
년 월 일 시
辛 戊 乙 己        己庚辛壬癸甲乙丙
酉 戌 酉 卯        亥子丑寅卯辰巳午
```

을목일주(乙木日主)는 지지(地支)에 술(戌)이 있으면 비인(飛刃)이 되는데 월지(月支)에 술(戌)이 들어 비인살(飛刃殺)이 되었다. 따라서 사주가 흉한데다가 관살(官殺)도 많고 혼잡하니 법문제와 남자문제가 많아 파란만장하였다. 5번 결혼했으나 모두 이혼당하였다. 즉 남자복이 지독하게 없는 고약한 명조다. 행운에서도 신유술(申酉戌)의 금(金)운을 만나면 흉하다.

3. 괴강살(魁罡殺)

庚辰日	庚戌日	壬辰日	壬戌日	戊戌日

괴강살(魁罡殺)은 모든 사람을 제압하며 대부귀·엄격·총명·황폭·살생·극빈·재앙 등이 극단적으로 따르는 흉살이다. 사주 어디에 들어도 적용되는데 일주(日柱)에 들면 작용이 더 강하다.

1) 경진(庚辰) 괴강(魁罡)

년 월 일 시

庚 庚 庚 丁　　　辛壬癸甲乙丙丁戊

辰 辰 辰 亥　　　巳午未申酉戌亥子

본명은 년주(年柱)와 월주(月柱)와 일주(日柱)에 모두 경진(庚辰) 괴강(魁罡)이 들었다. 따라서 성격이 불같이 급하며 난폭하였고, 고집이 세며 무례하여 주위 사람들과 항상 마찰이 많았다. 부부사이에도 갈등이 많아 싸움이 끊이질 않았다. 이런 사주는 난세에는 영웅이 될 수 있지만 평화로울 때는 설 자리가 없다.

2) 임진(壬辰) 괴강(魁罡)

```
년 월 일 시
丙 壬 壬 辛        癸甲乙丙丁戊己庚
辰 辰 辰 丑        巳午未申酉戌亥子
```

본명은 월주(月柱)와 일주(日柱)에 임진(壬辰) 괴강(魁罡)이 들었다. 이 사람은 세 부분에 문제가 있었다. 첫째는 예의범절이 없어 무례하였고, 둘째는 고집이 세며 다른 사람과 화합하지 못하였고, 셋째는 의리와 공익심이 없었다. 그러나 불쌍한 사람을 도와주려는 동정심이 많았고, 머리가 총명하며 지혜도 많았다.

3) 무술(戊戌) 괴강(魁罡)

```
년 월 일 시
戊 壬 戊 乙        辛庚己戊丁丙乙甲
戌 戌 戌 卯        酉申未午巳辰卯寅
```

본명은 년주(年柱)와 일주(日柱)에 무술(戊戌) 괴강(魁罡)이 있고, 월주(月柱)에 임술(壬戌) 괴강(魁罡)이 있으니 성격에 문제가 많았다. 시부모에게는 불효하였고 남편에게는 악처였으며, 예의범절을 몰라 무례하였다. 고집만 강하여 가족이나 주위 사람들과 말이 통하지 않았다. 이 사람이 며느리로 들어오면서 집안에는 항상 언쟁과 불화가 계속되었다.

3) 경술(庚戌) 괴강(魁罡)

년	월	일	시
戊	辛	庚	丁
申	酉	戌	亥

庚己戊丁丙乙甲癸
申未午巳辰卯寅丑

본명은 일주(日柱)에 경술(庚戌) 괴강(魁罡)이 들었다. 성격이 난폭하여 남편과 심한 갈등을 겪다가 결국 헤어졌으니 자업자득이다. 비록 사주에 괴강살(魁罡殺)이 들어도 마음을 바르게 하면 흉운을 줄일 수 있는 것이다.

4. 금여(金輿)

日干	甲	乙	丙	丁	戊	己	庚	辛	壬	癸
金輿	辰	巳	未	申	未	申	戌	亥	丑	寅

금여(金興)는 유순·절의·음덕·좋은 인연 등이 따르는 길성인데 일간(日干)을 중심으로 본다.

1) 갑진(甲辰) 금여(金興)

```
년 월 일 시
己 癸 甲 己        壬辛庚己戊丁丙乙
丑 酉 辰 巳        申未午巳辰卯寅丑
```

본명은 갑목일주(甲木日主)가 일지(日支)에 진토(辰土)가 들어 금여(金興)가 되었다. 따라서 아내복이 많아 명문가에서 요조숙녀로 자란 현모양처를 만났다. 결혼한 후부터 발복하여 수천 석을 모아 거부가 되었고, 부부금실도 좋아 잠시도 떨어져 지내는 것을 싫어히였다. 남녀 모두 사주에 금여(金興)가 있으면 결혼운이 좋다.

2) 을사(乙巳) 금여(金興)

```
년 월 일 시
戊 癸 乙 辛        壬辛庚己戊丁丙乙
申 亥 卯 巳        戌酉申未午巳辰卯
```

을목일주(乙木日干)가 시지(時支)에 사화(巳火)가 들어 금여(金

興)가 되었다. 따라서 결혼운이 좋아 초년에는 가난한 집안에서 어렵게 자랐으나 좋은 남편을 만나 부귀영화를 누렸다. 부부금실도 좋아 자녀를 많이 두었는데 모두 총명하며 효심이 깊었다. 재물운도 좋아 수만 석을 지녔고, 수명운도 좋아 90세까지 살았다.

5. 암록(暗祿)

日干	甲	乙	丙	丁	戊	己	庚	辛	壬	癸
暗祿	亥	戌	申	未	申	未	巳	辰	寅	丑

암록(暗祿)은 평생 재물이 따르며 위험에 처해도 귀인의 도움을 받는다는 길성으로, 일간(日干)을 중심으로 본다.

1) 무신(戊申) 암록(暗祿)

```
년 월 일 시
戊 丁 戊 庚          戊己庚辛壬癸甲乙
辰 巳 子 申          午未申酉戌亥子丑
```

무토일주(戊土日主)가 시지(時支)에 신금(申金)이 들어 암록(暗祿)이 되었다. 따라서 재물복이 많아 항상 의식주가 풍부하였고, 양귀비에 버금가는 아름다운 아내를 두었다. 게다가 자식과 부하들도 많았으니 실로 오복을 갖춘 다복한 팔자였다. 또 법문제 등의 어려운 문제에 처해도 귀인의 도움으로 구제되었다.

2) 갑해(甲亥) 암록(暗祿)

```
년  월  일  시
辛  甲  甲  乙        乙丙丁戊己庚辛壬
未  午  子  亥        未申酉戌亥子丑寅
```

갑목일주(甲木日主)가 시지(時支)에 해수(亥水)가 들어 암록(暗祿)이 되었다. 따라서 남편복이 많아 재력가이며 애처가인 남편을 만났고, 자식복도 많아 자식을 여럿 두었는데 모두 총명하며 효심이 지극하였다. 암록(暗祿)의 혜택을 톡톡히 본 사주다.

6. 천을귀인(天乙貴人)

日干	甲	乙	丙	丁	戊	己	庚	辛	壬	癸
天乙貴人	丑未	子申	亥酉	亥酉	丑未	子申	丑未	午寅	巳卯	巳卯

천을귀인(天乙貴人)은 흉화는 줄어들고 길복은 따르는 길성으로, 일간(日干)을 중심으로 본다.

1) 갑(甲)일 축미(丑未) 천을귀인(天乙貴人)

```
년  월  일  시
甲  丁  甲  辛        戊己庚辛壬癸甲乙
子  丑  辰  未        寅卯辰巳午未申酉
```

갑목일주(甲木日主)가 월지(月支)에 축토(丑土)와 시지(時支)에 미토(未土)가 들어 천을귀인(天乙貴人)이 되었다. 따라서 어려운 일을 당해도 귀인을 만나 도움을 받았다.

7. 천덕귀인(天德貴人)·월덕귀인(月德貴人)

月支	寅	卯	辰	巳	午	未	申	酉	戌	亥	子	丑
天德	丁	申	壬	辛	亥	甲	癸	寅	丙	乙	巳	庚
月德	丙	甲	壬	庚	丙	甲	壬	庚	丙	甲	壬	庚

천덕귀인(天德貴人)과 월덕귀인(月德貴人)은 흉화는 줄어들고 길복이 따른다는 길성으로, 월지(月支)를 중심으로 본다.

1) 인(寅)월 정화(丁火) 천덕귀인(天德貴人)

년 월 일 시

甲 丙 丁 辛　　　　丁 戊 己 庚 辛 壬 癸 甲

辰 寅 酉 亥　　　　卯 辰 巳 午 未 申 酉 戌

인(寅)월생이 일간(日干)에 정화(丁火)가 있어 천덕귀인(天德貴人)이 되었다. 따라서 재물복이 많아 수천 석을 지녔고, 아내복이 많아 의리 있는 현모양처를 만났다. 본명은 목화(木火)운이 흥하나 시상(時上)에 신금(辛金)이 투출(透出)하고, 일지(日支)에 유금(酉

金)이 통근(通根)하여 사주가 중화되어 길복이 많은 명조가 되었다. 천성이 착하며 예의범절이 바르고, 정의감이 강하며 신용이 있고, 지혜가 총명하였다. 다만 질투심이 있는 것이 결점이었다.

2) 묘(卯)월 갑목(甲木) 월덕귀인(月德貴人)

년 월 일 시

己 丁 甲 己   戊己庚辛壬癸甲乙

亥 卯 申 巳   辰巳午未申酉戌亥

묘(卯)월생이 일간(日干)에 갑목(甲木)이 들어 월덕귀인(月德貴人)이 되었다. 따라서 다복하였고, 일지(日支) 신금(申金)이 용신(用神)에 해당하니 남편복이 많아 인자하며 정의감이 강하고 능력 있는 남편을 만났다. 또 년상(年上)과 시상(時上)에 기토(己土)가 투출(透出)하여 수만 석을 지녔고, 명예운과 인기운도 좋아 항상 주위 사람들에게 칭찬을 받았다. 한마디로 오복을 모두 갖춘 부귀한 명조였다.

8. 장성(將星)·화개(華蓋)

日支	寅	午	戌	申	子	辰	巳	酉	丑	亥	卯	未
將星	午	午	午	子	子	子	酉	酉	酉	卯	卯	卯
華蓋	戌	戌	戌	辰	辰	辰	丑	丑	丑	未	未	未

장성(將星)과 화개(華蓋)는 모두 일지(日支)를 중심으로 보는데 장성(將星)은 승진·군인·장군 등에서 성공하고, 화개(華蓋)는 학문·신앙 등에서 성공한다.

1) 인(寅)일 오화(午火) 장성(將星)

년	월	일	시								
丁	己	庚	壬	戊	丁	丙	乙	甲	癸	壬	辛
丑	酉	寅	午	申	未	午	巳	辰	卯	寅	丑

본명은 인(寅)일생이 오(午)시에 태어나 장성(將星)에 해당하니 장군이 되었다. 년상(年上)에 정화(丁火) 정관(正官)이 투출(透出)하였고, 일지(日支)에 인목(寅木)이 들었고, 오(午)시생이니 충분히 재관(財官)을 감당할 수 있어 장군이 되어 많은 병사를 통솔할 수가 있었다. 성격이 다소 난폭한 것이 결점이었으나 목화(木火) 기운이 안정되어 인자하며 예의가 바른 면이 더 많았다. 유운득복(有運得福)이라고 했듯이, 이렇게 운이 있으니 높은 자리를 유지할 수 있었던 것이다.

2) 술(戌)일 술토(戌土) 화개(華蓋)

년	월	일	시							
甲	甲	戊	壬	癸	壬	辛	庚	己	戊	丁	丙
午	戌	戌	戌	酉	申	未	午	巳	辰	卯	寅

술(戌)일생이 술(戌)월 술(戌)시에 태어나 화개(華蓋)가 중중하다. 따라서 세상과 인연이 없는 팔자가 되어 첫 결혼에 실패하고는 출가하여 승려가 되었다. 만일 속세에 머물렀다면 파란만장한 생애를 보냈을 것이다. 남편복도 없고 자식복도 없고 재물복도 없으니 천지에 의지할 곳이 없는 명조이기 때문이다.

9. 역마(驛馬)

日支	寅	午	戌	申	子	辰	巳	酉	丑	亥	卯	未
驛馬	申	申	申	寅	寅	寅	亥	亥	亥	巳	巳	巳

역마(驛馬)는 이동이 많고 바쁘다는 살로, 사주에 있으면 움직이는 것이 길하다. 일지(日支)를 중심으로 본다.

1) 인(寅)일 신금(申金) 역마(驛馬)

<pre>
년 월 일 시
庚 丁 丙 乙   戊己庚辛壬癸甲乙
申 亥 寅 未   子丑寅卯辰巳午未
</pre>

인(寅)일생이 년지(年支)에 신금(申金)이 있으니 역마(驛馬)가 되어 항상 분주하였다. 병정(丙丁) 화기(火氣)는 용신(用神)에 해당하니 회술과 인언이 좋았고, 재물복이 많았으며 출세와 승진이 나

른 사람보다 빨랐다. 지지(地支)에 인신사해(寅申巳亥)가 들면 역마(驛馬)에 해당한다. 사주에 역마(驛馬)가 있으면 이동이 많거나 서비스업이나 돌아다니는 직업이 좋다. 요즘 같으면 자동차 운전이나 여행 가이드 같은 직업이 적합하다.

10. 도화살(桃花殺)

日支	寅	午	戌	申	午	辰	巳	酉	丑	亥	卯	未
桃花	卯	卯	卯	酉	酉	酉	午	午	午	午	午	午

도화살(桃花殺)은 년지(年支)를 중심으로 보는데 사주에 있으면 미인이며 다재다능하나 호색·음란·불륜 등이 따른다. 도화살(桃花殺)은 길작용을 하면 귀부인이 되거나 부귀영화를 누리지만, 흉작용을 하면 색정으로 인하여 파란만장해진다.

1) 오(午)년 묘목(卯木) 도화(桃花)

```
년 월 일 시
丙 辛 庚 己        壬癸甲乙丙丁戊己
午 卯 子 卯        辰巳午未申酉戌亥
```

본명은 년지(年支)에 오화(午火)가 있는데 월지(月支)와 시지(時支)에도 묘(卯)가 들어 도화(桃花)가 되어 여자문제가 복잡하였다.

첩을 3명이나 두고 방탕하게 살았다. 천간(天干)에는 길한 오행이 투출(透出)했으나 지지(地支)는 모두 흉한 오행으로 구성되었다. 겉으로 보기에는 부귀영화를 누리는 길명처럼 보이지만 사실은 빈곤하였다. 빛좋은 개살구 명조다.

2) 자(子)년 유금(酉金) 도화(桃花)

```
년  월  일  시
壬  壬  己  庚            辛庚己戊丁丙乙甲
子  子  酉  午            亥戌酉申未午巳辰
```

년지(年支)에 자(子)가 있고 일지(日支)에 유금(酉金)이 있으니 도화(桃花)가 되어 바람둥이가 되었다. 남편이 있는데도 바람을 피우다 결국 파경을 맞았다. 이처럼 타고난 팔자는 속일 수 없는 것이나. 그러나 나이가 들어서는 신앙을 갖고 수양에 전념하여 과거를 반성하며 평안하게 보냈다.

11. 고신(孤神)·과숙(寡宿)

年支	子	丑	寅	卯	辰	巳	午	未	申	酉	戌	亥
孤神	寅	寅	巳	巳	巳	申	申	申	亥	亥	亥	寅
寡宿	戌	戌	丑	丑	丑	辰	辰	辰	未	未	未	戌

고신살(孤神殺)과 과숙살(寡宿殺) 은 년지(年支)를 중심으로 보는데 사주에 있으면 남자는 홀아비가 되고 여자는 과부가 된다. 이 살은 부부사이에 장벽이 생겨 부부싸움을 많이 한다.

1) 인(寅)년 사화(巳火) 고신(孤神)

```
년 월 일 시
戊 甲 丁 乙        乙丙丁戊己庚辛壬
寅 寅 丑 巳        卯辰巳午未申酉戌
```

본명은 년지(年支)에 인(寅)이 들었는데 시지(時支)에 사(巳)가 들어 고신살(孤神殺)이 되었다. 아내가 질병으로 죽은 후 평생 독수공방하였다. 즉 재산도 없고 배운 학문도 없고 올바른 직장도 없으니 재혼할 엄두를 내지 못했던 것이다. 사주에 고신살(孤神殺)이 있는 사람이 행복한 가정을 꾸리려면 먼저 자신의 팔자를 이해하고 마음을 수양해야 한다.

2) 축(丑)년 술토(戌土) 과숙(寡宿)

```
년 월 일 시
申 丁 戊 壬        戊己庚辛壬癸甲乙
丑 酉 戌 子        戌亥子丑寅卯辰巳
```

년지(年支)에 축(丑)이 있는데 일지(日支)에 술(戌)이 들어 과숙살(寡宿殺)이 되었다. 따라서 남편이 질병에 걸려 재산만 남겨두고 죽었다. 재혼했으나 1년도 넘기지 못하고 파경된 후 독수공방하였다. 그러나 재물복은 있어 자영업으로 재산을 모아 돈 많은 과부가 되었다. 그러나 남편이 없으니 고독하게 살다 죽었다.

12. 문창귀인(文昌貴人)

日干	甲	乙	丙	丁	戊	己	庚	辛	壬	癸
文昌貴人	巳	午	申	酉	申	酉	亥	子	寅	卯

문창귀인(文昌貴人)은 학문·창작·총명·지혜 등이 따르는 길성으로 일간(日干)을 중심으로 본다.

1) 무(戊)일 신금(申金) 문창(文昌)

```
년  월  일  시
戊  丙  戊  乙        丁戊己庚辛壬癸甲
申  辰  午  卯        巳午未申酉戌亥子
```

무토일주(戊土日主)가 년지(年支)에 신금(申金)이 들어 문창(文昌)이 되었다. 따라서 학문이 뛰어났고 창작력이 좋았다. 재물복은 별로 없어 경제적으로는 어려웠지만 시와 서예를 즐기는 선비의

길을 걸었다. 본명은 화토(火土) 기운이 강하니 금수(金水)운을 만나면 길한데 년지(年支) 신금(申金)이 길성에 해당하여 창작력이 좋았던 것이다.

2) 기(己)일 유금(酉金) 문창(文昌)

```
년 월 일 시
己 丁 己 癸        戊己庚辛壬癸甲乙
未 卯 卯 酉        辰巳午未申酉戌亥
```

이 사주는 여명으로 책을 가까이 하며 시와 서예를 즐겼다. 기토일주(己土日主)가 시지(時支)에 유금(酉金)이 들어 문창(文昌)이 되었고, 월지(月支)와 일지(日支)에 묘목(卯木)이 들어 관살(官殺)이 혼잡하다. 따라서 풍류를 좋아하며 가정을 돌보지 않아 부부사이는 불행하였고, 경제적인 면이 어려웠다. 그러나 학문에 관심이 많아 항상 예술에 심취해 있었다.

13. 수옥살(囚獄殺)

年支	寅	卯	辰	巳	午	未	申	酉	戌	亥	子	丑
囚獄	子	酉	午	卯	子	酉	午	卯	子	酉	午	卯

수옥살(囚獄殺)은 감옥에 들어가고 직업도 갇혀 있는 것을 갖는

다는 살인데 년지(年支)를 중심으로 본다.

1) 묘(卯)년 유금(酉金) 수옥(囚獄)

년	월	일	시
癸	甲	乙	壬
卯	寅	酉	午

乙丙丁戊己庚辛壬
卯辰巳午未申酉戌

  묘(卯)년생이 일지(日支)에 유금(酉金)이 들어 수옥살(囚獄殺)이
되었다. 따라서 갑인(甲寅)년에 법적인 문제에 휘말려 감옥에 들어
갔다. 사주에서는 편관(偏官)과 정관(正官)이 기신(忌神)에 해당하
는데 수옥살(囚獄殺)이 들면 십중팔구는 흉한 해에 감옥에 들어간
다. 기토일주(己土日主)가 신약(身弱)하므로 우선 인성(印星)과 비
겁(比劫)으로 보강해주고, 나음은 식상(食傷)으로 태왕한 관살(官
殺)을 제극(制剋)해야 사주가 좋아진다.

2) 사(巳)년 묘목(卯木) 수옥(囚獄)

년	월	일	시
辛	辛	甲	丙
巳	卯	寅	寅

庚己戊丁丙乙甲癸
寅丑子亥戌酉申未

본명은 사(巳)년생이 묘(卯)월에 태어나 수옥살(囚獄殺)이 되었다. 따라서 이웃과 싸우다 감옥에 들어갔다. 사주에 목기(木氣)가 태과하여 질투심이 많았고, 양보심이 없고 교만하여 항상 주변에 적이 많았다. 사주에 일주(日柱)를 돕는 인성(印星)과 비겁(比劫)이 너무 많으면 사람들과 조화를 이루지 못한다.

14. 귀문관살(鬼門關殺)

年支	寅	卯	辰	巳	午	未	申	酉	戌	亥	子	丑
鬼門	未	申	亥	戌	丑	寅	卯	子	巳	辰	酉	午

귀문관살(鬼門關殺)은 귀신이 들어와 정신병을 앓는다는 흉살로, 년지(年支)를 중심으로 본다.

1) 미(未)년 인목(寅木) 귀문관살(鬼門關殺)

```
년  월  일  시
癸  甲  己  丁          癸 壬 辛 庚 己 戊 丁 丙
未  寅  卯  卯          丑 子 亥 戌 酉 申 未 午
```

본명은 미(未)년생이 인목(寅木)이 들어 귀문관살(官殺)이 되었고, 기토일주(己土日主)가 태약한데 관살(官殺)이 태강하니 정신병을 앓았다. 정신병자가 된 사람들은 한결같이 일주(日柱)가 태약하

다. 일주(日柱)가 태약하니 정신력이 약하여 잡신들의 침범을 많이
받아 정신에 이상이 생기는 것이다.

2) 신(申)년 묘목(卯木) 귀문관살(鬼門關殺)

```
년 월 일 시
戊 乙 癸 乙        甲癸壬辛庚己戊丁
申 卯 卯 卯        寅丑子亥戌酉申未
```

신(申)년생이 묘목(卯木)을 만나 귀문관살(官殺)이 되어 심한 우
울증에 시달리다가 결국 정신에 문제가 생겼다. 계수일주(癸水日
主)가 신약(身弱)한데 을묘(乙卯) 목기(木氣)를 심하게 설기(泄氣)
하니 감당하지 못한 것이다. 이처럼 일주(日柱)가 태약한데 설기
(泄氣)가 심하거나 제극(制剋)이 많으면 정신병사가 된다. 그리고
오행으로 볼 때 목(木)은 정신을 관장하는데 사주에 목기(木氣)가
너무 많거나 너무 적으면 반드시 정신적인 문제가 생긴다.

15. 급각살(急脚殺)

月支	寅	卯	辰	巳	午	未	申	酉	戌	亥	子	丑
急脚	亥子	亥子	亥子	卯未	卯未	卯未	寅戌	寅戌	寅戌	丑辰	丑辰	丑辰

급각살(急脚殺)은 갑자기 교통사고나 다리를 다쳐 절름발이가 되

는 흉살인데 월지(月支)를 중심으로 본다.

1) 인(寅)월 해자(亥子) 급각살(急脚殺)

```
년 월 일 시
庚 戊 乙 己          己 庚 辛 壬 癸 甲 乙 丙
子 寅 亥 卯          卯 辰 巳 午 未 申 酉 戌
```

　인(寅)월생이 일지(日支)에 해수(亥水)와 년지(年支)에 자수(子水)가 들어 급각살(急脚殺)이 되었다. 따라서 사고로 다리를 다쳐 목발을 짚고 다녔다. 을목일주(乙木日主)가 인(寅)월에 태어나 득령(得令)하여 신강(身强)한데 년상(年上) 경금(庚金)이 용신(用神)이나 자수(子水)가 설기(泄氣)하여 태약하다. 용신(用神)이 태약하면 능력이 없다는 뜻이다. 용신(用神)은 그 사람의 능력을 나타내므로, 용신(用神)이 강해야 능력이 있고 건강하며 길복도 많다. 본명은 용신(用神)이 너무 허약하여 박복한 사주가 된 것이다.

2) 오(午)월 묘미(卯未) 급각살(急脚殺)

```
년 월 일 시
己 庚 丁 癸          辛 壬 癸 甲 乙 丙 丁 戊
未 午 巳 卯          未 申 酉 戌 亥 子 丑 寅
```

오(午)월생이 시지(時支)에 묘(卯)와 년지(年支)에 미(未)가 들어 급각살(急脚殺)이 되었다. 따라서 항상 부부갈등이 심하다 남편에게 심하게 맞고 다리가 부러졌다. 사주에 급각살(急脚殺)이 있으면 항상 조심해야 한다. 용신(用神)은 시상(時上) 계수(癸水)인데 지지(地支)에 통근(通根)되지 않아 너무 미약하다. 따라서 남편복도 없고 재물복도 없고 다리까지 부러졌다.

16. 단교관살(斷橋關殺)

月支	寅	卯	辰	巳	午	未	申	酉	戌	亥	子	丑
斷橋	寅	卯	申	丑	戌	酉	辰	巳	午	未	亥	子

단교관살(斷橋關殺)은 다리를 절단하거나 사고로 부러지는 일이 생긴다는 흉살인데 작용은 급각살(急脚殺)과 비슷하다. 월지(月支)를 중심으로 본다.

1) 인(寅)월 인목(寅木) 단교관살(斷橋關殺)

```
년 월 일 시
壬 壬 甲 癸        癸甲乙丙丁戊己庚
子 寅 寅 酉        卯辰巳午未申酉戌
```

인(寅)월생이 일지(日支)에서 또 인(寅)을 만나 단교관살(斷橋關

殺)이 되었다. 따라서 건축일을 하다 5층에서 떨어져 다리가 부러졌다. 년주(年柱)의 임자(壬子)는 기신(忌神) 작용을 하니 조상의 터가 이롭지 못하여 고향을 떠났고, 부모덕도 없어 유산이 하나도 없었다. 일정한 직업없이 객지를 떠돌다 결혼도 못했는데 사고를 당한 것이다. 용신(用神)은 시지(時支) 유금(酉金)이다.

2) 묘(卯)월 묘목(卯木) 단교관살(斷橋關殺)

```
년 월 일 시
丁 癸 己 辛        甲乙丙丁戊己庚辛
卯 卯 卯 未        辰巳午未申酉戌亥
```

묘(卯)월생이 년지(年支)와 일지(日支)에 묘(卯)가 들어 단교관살(斷橋關殺)이 되었다. 따라서 교통사고로 다리가 부러졌다. 남편복이 없어 7번이나 결혼했으나 모두 버림받았다. 평생 천덕꾸러기로 살다 노년에 어느 홀아비를 만나 잠깐 평안하게 지내다 죽었다. 용신(用神)이 시주(時柱)에 들었기 때문이다.

17. 부벽살(斧劈殺)

月支	寅	卯	辰	巳	午	未	申	酉	戌	亥	子	丑
斧劈	酉	巳	丑	酉	巳	丑	酉	巳	丑	酉	巳	丑

부벽살(斧劈殺)은 도끼나 칼에 해를 입는다는 흉살로, 월지(月支)를 중심으로 본다.

1) 인(寅)월 유금(酉金) 부벽살(斧劈殺)

년	월	일	시
丙	庚	辛	戊
申	寅	酉	戌

辛壬癸甲乙丙丁戊
卯辰巳午未申酉戌

인(寅)월생이 일지(日支)에 유금(酉金)이 들어 부벽살(斧劈殺)이 되었다. 신금일주(辛金日主)가 천성이 난폭하여 건달생활을 하며 항상 주위 사람들과 척을 지다가 세력다툼에 휘말려 폭력배에게 칼을 맞고 젊은 나이에 죽었다. 사주에 부벽살(斧劈殺)이 들면 칼이나 자동차나 기계 등을 조심해야 하고, 특히 싸움을 피해야 한다.

2) 묘(卯)월 사화(巳火) 부벽살(斧劈殺)

년	월	일	시
己	丁	丁	戊
巳	卯	巳	申

丙乙甲癸壬辛庚己
寅丑子亥戌酉申未

본명은 조직폭력배의 행동대원 노릇을 하다가 칼을 맞고 죽은 사람의 사주다. 묘(卯)월생이 년지(年支)와 일지(日支)에 사화(巳火)가 들어 부벽살(斧劈殺)이 되었다. 어려서 부모를 잃고 폭력배 소굴로 들어가 건달생활을 하게 되었다. 항상 불 같은 성격으로 앞장서다가 젊은 나이에 칼에 맞아 죽었다.

18. 삼재(三災)

삼재(三災)는 년지(年支)를 중심으로 본다. 누구나 12년 중에 3년은 들어오는데 이 삼재(三災)가 들면 흉하다. 이것은 어디까지나 당사주(唐四柱) 삼재(三災)다. 당사주(唐四柱) 삼재(三災)는 년지(年支)를 중심으로 보는데 일반적으로 널리 알려진 삼재(三災)를 말한다.

年支	寅午戌年	巳酉丑年	亥卯未年	申子辰年
唐四柱三災	申酉戌年	亥子丑年	巳午未年	寅卯辰年

삼재(三災)에는 2가지가 있다. 기신(忌神) 삼재(三災)는 명리에서 볼 때 기신(忌神)이 들어오는 해를 말한다. 이 기신(忌神) 삼재(三災)는 뒤에서 용신(用神)에 대한 공부가 어느 정도 되어야 볼 수 있는 어려운 부분이다. 도표를 보면 다음과 같다.

用神	木用神	火用神	水用神	金用神
忌神三災	申酉戌年	亥子丑年	巳午未年	寅卯辰年

1) 신유술(申酉戌)년 삼재(三災)

```
년  월  일  시
甲  壬  癸  壬          癸甲乙丙丁戊己庚
寅  申  酉  戌          酉戌亥子丑寅卯辰
```

계수일주(癸水日主)가 신(申)월에 태어나 사주에 금기(金氣)가 강하니 년상(年上) 갑목(甲木)이 용신(用神)이다. 갑목(甲木)이 용신(用神)이면 신유술(申酉戌)은 기신(忌神)에 해당한다. 따라서 신유술(申酉戌)년에 사업이 크게 실패하였고 가정마저 깨졌다.

2) 해자축(亥子丑)년 삼재(三災)

```
년  월  일  시
丁  辛  丙  己          庚己戊丁丙乙甲癸
亥  亥  午  丑          戌酉申未午巳辰卯
```

본명은 화기(火氣)가 용신(用神)이므로 당연히 수(水)운은 대흉하다. 따라서 해자축(亥子丑)년에 관재구설에 휘말려 법원을 들락거리느라 많은 비용과 시간을 들였다. 그러나 아내복은 있어 양순한 아내를 만나 안정을 찾을 수 있었다.

19. 탕화살(湯火殺)

湯火殺	甲午	甲寅	乙丑	丙寅	丙午	丁丑	戊寅日
	戊午	庚午	庚寅	辛丑	壬午	壬寅	癸丑日

탕화살(湯火殺)은 화상을 입는 살인데 인(寅)일이나 오(午)일이나 축(丑)일이면 해당한다. 일지(日支)만을 본다.

1) 오(午)일 탕화살(湯火殺)

```
년 월 일 시
壬 丙 丙 己        丁戊己庚辛壬癸甲
辰 午 午 丑        未申酉戌亥子丑寅
```

본명은 병화일주(丙火日主)가 오(午)월에 태어나 사주에 화기가 태왕하여 탕화살(湯火殺)이 되었다. 어느 날 집에 불이 나서 얼굴과 몸에 큰 화상을 입고, 평생 얼굴을 가리고 살아야만 하였다.

2) 인(寅)일 탕화살(湯火殺)

```
년 월 일 시
乙 辛 庚 己        壬癸甲乙丙丁戊己
午 巳 寅 卯        午未申酉戌亥子丑
```

본명은 일지(日支)가 인(寅)일이니 탕화살(湯火殺)이 되었다. 어느 날 부부싸움을 크게 한 후 화를 참지 못하고 몸에 휘발유를 뿌려 분신자살하였다. 경금일주(庚金日主)가 신약(身弱)한데 화기(火氣)가 태왕하니 불길한 사주가 된 것이다. 타오르는 강한 불길에 인묘(寅卯)의 목기(木氣)가 생조하니 불길이 더 강해져 분신자살한 것이다.

20. 낙정관살(落井關殺)

日干	甲	乙	丙	丁	戊	己	庚	辛	壬	癸
落井關殺	巳	子	申	戌	卯	巳	子	申	戌	卯

낙정관살(落井關殺)은 물에 빠져 죽거나, 물에 의한 화를 당하거나, 강이나 바다에 뛰어들어 자살하기도 하는 흉살이다. 일간(日干)을 중심으로 일지(日支)나 시지(時支)를 본다.

1) 을(乙)일 자수(子水) 낙정관살(落井關殺)

```
년 월 일 시
壬 壬 乙 辛        癸甲乙丙丁戊己庚
午 子 亥 巳        丑寅卯辰巳午未申
```

을목일주(乙木日土)가 월지(月支)에 자수(子水)가 들어 낙정관살

(落井關殺)이 되었다. 이 사람은 바다에서 고기를 잡아 생활하는 어부였다. 어느 날 폭풍우를 만나 배가 뒤집히는 바람에 바다에 빠져 죽었고, 시신도 수습하지 못하였다. 사주에 낙정관살(落井關殺)이 있는 사람은 배 타는 일을 피해야 한다.

2) 병(丙)일 신금(申金) 낙정관살(落井關殺)

```
년 월 일 시
癸 癸 丙 戊        壬辛庚己戊丁丙乙
卯 亥 申 子        戌酉申未午巳辰卯
```

본명은 병화일주(丙火日主)가 일지(日支)에 신금(申金)이 들어 낙정관살(落井關殺)이 되었다. 이 사람은 낚시를 매우 좋아했는데 어느 날 그만 낚시터에서 미끄러져 급류에 휘말려 죽었다.

21. 효신살(梟神殺)

日干	甲	乙	丙	丁	戊	己	庚	辛	壬	癸
梟神	子	亥	寅	卯	午	己	辰戌	丑未	申	酉

효신살(梟神殺)은 어려서 부모를 잃는 흉살인데 일간(日干)을 중심으로 일지(日支)와 시지(時支)를 본다.

1) 갑(甲)일 자수(子水) 효신살(梟神殺)

```
년 월 일 시
庚 戊 甲 庚        己庚辛壬癸甲乙丙
子 子 子 午        丑寅卯辰巳午未申
```

갑목일주(甲木日主)가 년월일(年月日)에 자수(子水)가 들어 효신살(梟神殺)이 되었다. 어려서 부모를 잃고 온갖 고생을 하며 파란만장하게 살았으나, 말년에는 평안하게 살다가 임종하였다. 용신(用神)은 시지(時支) 오화(午火)인데 사주에 자수(子水)의 수기(水氣)가 너무 강하니 조실부모하고 악처를 만나 고생한 것이다.

2) 을(乙)일 해수(亥水) 효신살(梟神殺)

```
년 월 일 시
癸 乙 乙 壬        甲乙丙丁戊己庚辛
亥 卯 未 午        辰巳午未申酉戌亥
```

본명은 을목일주(乙木日主)가 년지(年支)에 해수(亥水)가 들어 효신살(梟神殺)이 되었다. 따라서 부모와 일찍 헤어지고 양녀로 들어갔는데 양부모가 성격이 나쁜 사람이라 많은 구박과 학대를 받으며 살았다. 그러나 다행히 인자한 남편을 만나 행복하게 살았나. 용

신(用神)은 일지(日支)의 미토(未土)이고, 화(火)는 희신(喜神)이
니 남편복과 자식복은 있었던 것이다.

22. 고란살(孤鸞殺)

甲寅日	乙巳日	丁巳日	戊申日	辛亥日

고란살(孤鸞殺)은 부부갈등으로 독수공방한다는 흉살로, 과숙살
(寡宿殺)과 비슷하며 5가지가 있다. 일주(日柱)를 중심으로 본다.

1) 갑인(甲寅) 일주(日柱) 고란살(孤鸞殺)

```
년 월 일 시
戊 甲 甲 辛        乙丙丁戊己庚辛壬
申 寅 寅 未        卯辰巳午未申酉戌
```

본명은 일주(日柱)의 갑인(甲寅)이 고란살(孤鸞殺)이 되어 부부갈
등이 많았다. 년상(年上)에 무토(戊土) 편재(偏財)가 들고, 시지(時
支)에 미토(未土) 정재(正財)가 들었으니 여자가 나타나 있다. 재
성(財星)은 길성에 해당하여 좋은데 일지(日支)가 흉하다. 따라서
연애할 때는 사이가 좋았으나 결혼한 후 나빠졌다. 일지(日支)에
고란살(孤鸞殺)이 들었기 때문이다.

23. 홍염살(紅艷殺)

日干	甲	乙	丙	丁	戊	己	庚	辛	壬	癸
紅艷	午	午	寅	未	辰	辰	戌	酉	申子	申

 홍염살(紅艷殺)은 색정이나 불륜이 일어나고, 가정생활이 원만하지 못하며, 연예인이나 기생이나 인기를 얻는 직종에 종사한다는 살이다. 도화살(桃花殺)과 비슷하며 일간(日干)을 중심으로 본다.

1) 갑(甲)일 오화(午火) 홍염살(紅艷殺)

```
년  월  일  시
丁  丙  甲  乙            丁 戊 己 庚 辛 壬 癸 甲
丑  午  午  亥            未 申 酉 戌 亥 子 丑 寅
```

 본명은 갑목일주(甲木日土)가 월시(月支)와 일지(日支)에 오화(午火)가 들어 홍염살(紅艷殺)이 되었다. 따라서 가수가 되어 인기를 얻었으나 좋은 가정은 이루지 못하였다. 첫 결혼에 실패한 후 재혼은 포기하고 연예활동에만 전념하며 살았다. 주위에 남자들은 많았지만 진정 함께 살아줄 사람은 없었다. 용신(用神)은 시지(時支) 해수(亥水)이니 말년에나 가정적으로 안정을 찾을 수 있을 것이다.

2) 병(丙)일 인목(寅木) 홍염살(紅艶殺)

```
년  월  일  시
辛  庚  丙  庚           庚己戊丁丙乙甲癸
未  寅  寅  寅           午巳辰卯寅丑子亥
```

본명은 병화일주(丙火日主)가 지지(地支)에 인목(寅木)이 많으니 홍염살(紅艶殺)이 대단하다. 따라서 영화배우가 되어 인기를 누렸으나 가정은 온전하지 못하였다. 물론 따르는 여자들은 많았지만 정작 결혼할 여자는 없었던 것이다. 용신(用神)은 월상(月上) 경금(庚金)이고, 토(土)는 희신(喜神)이다.

24. 음양차착살(陰陽差着殺)

丙子	丙午	丁丑	丁未	戊寅	戊申	辛卯	辛酉	壬辰	壬戌	癸巳	癸亥

음양차착살(陰陽差着殺)은 색정이나 불륜이 일어난다는 흉살이다. 일간(日干)을 중심으로 보는데 일주(日柱)나 시주(時柱)를 중점적으로 본다. 예를 들어 일주(日柱)나 시주(時柱)가 병자(丙子)이면 음양차착살(陰陽差着殺)이 된다.

1) 병자(丙子) 일주(日柱) 음양차착살(陰陽差着殺)

년 월 일 시

壬 癸 丙 丁　　　甲乙丙丁戊己庚辛

寅 丑 子 酉　　　寅卯辰巳午未申酉

본명은 일주(日柱) 병자(丙子)가 음양차착살(陰陽差着殺)에 해당하여 바람둥이가 되었다. 아내가 있었지만 사이가 나빠 각방을 쓴 지 오래되었고, 밖에서 어린여자들과 어울리며 살았다.

2) 계해(癸亥) 일주(日柱)의 음양차착살(陰陽差着殺)

년 월 일 시

己 丁 癸 丙　　　戊己庚辛壬癸甲乙

丑 丑 亥 辰　　　寅卯辰巳午未申酉

본명은 일주(日柱) 계해(癸亥)가 음양차착살(陰陽差着殺)에 해당하여 바람둥이가 되었다. 아무 남자와 관계를 맺어 성씨가 다른 자식을 4명이나 두었다.

25. 백호대살(白虎大殺)

甲辰	乙未	丙戌	丁丑	戊辰	壬戌	癸丑

백호대살(白虎大殺)은 신살 가운데 가장 무서운 살이다. 호랑이에게 물려 죽는다는 무서운 살인데 요즘은 자동차 사고로 본다. 따라서 사주에 백호대살(白虎大殺)이 있으면 자동차 사고로 비명횡사하는 경우가 많다. 백호대살(白虎大殺)이 년주(年柱)에 들면 조부모가 비명횡사하고, 월주(月柱)에 들면 부모가 비명횡사하고, 일주(日柱)에 들면 자신이나 배우자가 비명횡사하고, 시주(時柱)에 들면 자식이 비명횡사한다.

1) 년주(年柱)의 백호대살(白虎大殺)

년	월	일	시							
甲	丁	己	辛	戊	己	庚	辛	壬	癸	甲 乙
辰	卯	卯	未	辰	巳	午	未	申	酉	戌 亥

본명은 년주(年柱) 갑진(甲辰)이 백호대살(白虎大殺)이 되어 조부가 비명횡사하였다. 그리고 본인도 초년에 교통사고를 당하여 몇 달 동안 입원했었다. 백호대살(白虎大殺)이 기신(忌神)에 해당하면 매우 흉하다. 용신(用神)은 시상(時上) 신금(辛金)이고 토(土)는 희신(喜神)이다. 목기(木氣)는 기신(忌神)에 해당하니 인묘진(寅卯辰)이 방합(方合)을 이루어 목(木)운을 만나면 대흉하다.

2) 월주(月柱)의 백호대살(白虎大殺)

```
년  월  일  시
己  戊  戊  乙        丁丙乙甲癸壬辛庚
未  辰  戌  卯        卯寅丑子亥戌酉申
```

월주(月柱)가 무진(戊辰)이니 백호대살(白虎大殺)이 되었는데 월주(月柱)는 부모궁이니 부모가 교통사고로 비명횡사하였다. 그리고 본인도 청년기에 교통사고를 당하여 여러 달 고생한 적이 있었다. 이 사주는 토기(土氣)가 넘치니 토(土)가 기신(忌神) 작용을 하고, 사주가 대부분 토(土)로 구성되었으니 오행이 조화를 이루지 못하여 흉한 팔자가 된 것이다.

3) 일주(日柱)의 백호대살(白虎大殺)

```
년  월  일  시
癸  辛  丙  丙        壬癸甲乙丙丁戊己
未  酉  戌  申        戌亥子丑寅卯辰巳
```

일주(日柱)가 병술(丙戌)이니 백호대살(白虎大殺)이 되어 남편이 젊은 나이에 교통사고로 황천객이 되었다. 이 사람은 젊은 나이에 과부가 되어 어린자식들을 키우느라 고생이 많다. 시상(時上)에 병화(丙火)가 투출(透出)하여 종격(從格)도 될 수 없는데 일주(日柱)가 너무 신약(身弱)하여 파란이 많았던 것이다.

4) 시주(時柱)의 백호대살(白虎大殺)

```
년 월 일 시
壬 庚 癸 壬          己戊丁丙乙甲癸壬
戌 戌 未 戌          酉申未午巳辰卯寅
```

본명은 시주(時柱)에 임술(壬戌)이 들어 백호대살(白虎大殺)이 되었다. 자식을 3명 두었지만 모두 교통사고로 일찍 잃고 부부가 적적하게 살았다. 시주(時柱)에 백호대살(白虎大殺)이 들면 대개 자식을 먼저 보내는 경우가 많다. 사주에 백호대살(白虎大殺)이 든 사람은 평소에 적선공덕을 많이 쌓아야 한다. 유비무환(有備無患)이라는 말처럼 안전할 때 미리 준비하는 것이 좋다.

26. 십이신살(十二神殺)

십이신살(十二神殺)은 년지(年支)를 기준으로 본다.

① 겁살(劫殺) : 재물을 겁탈당하는 살이며 여자들은 몸을 겁탈당하기도 한다.

② 재살(災殺) : 수옥살(囚獄殺)이라고도 하며 납치나 감금이나 포

십이신살조견표(十二神殺早見表)

	巳酉丑	亥卯未	申子辰	寅午戌	十二運星	六神
劫殺	寅	申	巳	亥	胞	偏官
災殺	卯	酉	午	子	胎	偏官
天殺	辰	戌	未	丑	養	正財
地殺	巳	亥	申	寅	長生	偏印
年殺	午	子	酉	卯	沐浴	印綬
月殺	未	丑	戌	辰	冠帶	食神
亡身	申	寅	亥	巳	建祿	劫財
將星	酉	卯	子	午	帝旺	比肩
攀鞍	戌	辰	丑	未	衰	傷官
驛馬	亥	巳	寅	申	病	偏財
六害	子	午	卯	酉	死	偏財
華蓋	丑	未	辰	戌	卯	正官

로가 되는 살이다.

③ 천살(天殺) : 천재지변을 당하는 살이다.

④ 지살(地殺) : 역마살(驛馬殺)이라고도 하며 항상 동분서주하는 살이다.

⑤ 년살(年殺) : 도화살(桃花殺)이라고도 하며 불륜이나 색정이나 색난을 당하는 살이다.

⑥ 월살(月殺) : 고초살(苦楚殺)이라고도 하며 악전고투하는 살이다.

⑦ 망신(亡身) : 파군살(破群殺)이라고도 하며 주로 주색잡기를 즐기다 망신을 당하는 살이다.

⑧ 장성(將星) : 승진이나 번영, 출세하는 길성이다.

⑨ 반안(攀鞍) : 말의 안장에 오른다는 뜻이니 승진과 출세가 따르고, 공무원이 되는 길성이다.

⑩ 역마(驛馬) : 지살(地殺)과 비슷하며 이동이나 여행과 인연이 많고 동분서주하는 살이다.

⑪ 육해(六害) : 6가지의 해로움을 당하는 살이며 파란만장하다.

⑫ 화개(華蓋) : 명예·고독·학문·종교 등과 인연이 많다.

6장. 육신(六神)

육신(六神)은 일간(日干)을 기준으로 천간(天干)과 지지(地支)를 대조하여 보는데 그 대조에 의하여 일어나는 운명적인 작용을 표시한 것이다. 육신(六神)에는 모두 10가지가 있는데 비견(比肩)·겁재(劫財)·식신(食神)·상관(傷官)·편재(偏財)·정재(正財)·편관(偏官)·정관(正官)·편인(偏印)·정인(正印)을 말한다.

10가지이니 십신(十神)이라고 해야 하지만 육신(六神)이라 부르는 이유는 다음과 같다. 비견(比肩)과 겁재(劫財)는 격을 이루지 못하니 제외하고, 편재(偏財)와 정재(正財)를 합하여 재성(財星)이라 하고, 편인(偏印)과 인수(印綬)를 합하여 인성(印星)이라 한다. 이렇게 재성(財星)·인성(印星)·식신(食神)·상관(傷官)·편관(偏官)·정관(正官) 6가지이므로 육신(六神)이라 하는 것이다. 그리고 비견(比肩)과 겁재(劫財)를 합하여 비겁(比劫), 식신(食神)과 상관

(傷官)을 합하여 식상(食傷), 재성(財星)과 관성(官星)을 합하여 재관(財官), 인성(印星)과 비겁(比劫)을 합하여 인비(印比)라 한다.

1. 육신(六神)의 성격

1) 비견(比肩)

비견(比肩)은 남자에게는 형제, 여자에게는 자매에 해당한다. 직장에서는 동료, 거래관계에서는 친구에 해당한다. 또한 신용과 체력을 의미한다.

2) 겁재(劫財)

겁재(劫財)는 남자에게는 형제, 여자에게는 자매에 해당한다. 직장에서는 동료, 거래관계에서는 동기에 해당한다. 또한 부부나 건강을 의미하기도 한다.

3) 식신(食神)

식신(食神)은 남자에게는 아들, 여자에게는 딸에 해당한다. 직장에서는 부하, 거래관계에서는 인기에 해당한다. 또한 명예와 식복을 의미하기도 한다.

4) 상관(傷官)

상관(傷官)은 남자에게는 딸, 여자에게는 아들에 해당한다. 직장에서는 부하, 거래관계에서는 재능을 나타낸다. 또한 사교와 전문기술을 의미하기도 한다.

5) 편재(偏財)

편재(偏財)는 남자에게는 첩, 여자에게는 시어머니에 해당한다. 직장에서는 먼 부하, 거래관계에서는 재물을 의미한다. 또한 축재와 여행을 의미하기도 한다.

6) 정재(正財)

정재(正財)는 남자에게는 본처, 여자에게는 시아버지에 해당한다. 직장에서는 거리가 먼 부하, 거래관계에서는 재물을 의미한다. 또한 금전과 이동을 의미하기도 한다.

7) 편관(偏官)

편관(偏官)은 남자에게는 조부, 여자에게는 외부에 해당한다. 직장에서는 사장, 거래관계에서는 관운을 나타낸다. 또한 권위와 국록을 의미하기도 한다.

8) 정관(正官)

정관(正官)은 남자에게는 조모, 여자에게는 남편에 해당한다. 직장에서는 사장, 거래관계에서는 직업을 나타낸다. 또한 통솔력과 승진을 의미하기도 한다.

9) 편인(偏印)

편인(偏印)은 남자에게는 아버지, 여자에게는 어머니에 해당한다. 직장에서는 상사, 거래관계에서는 교육에 해당한다. 또한 가정과 타고난 복을 의미하기도 한다.

10) 인수(印綬)

인수(印綬)는 남자에게는 어머니, 여자에게는 아버지에 해당한다. 직장에서는 상사, 거래관계에서는 학문에 해당한다. 또한 화목과 희망을 의미하기도 한다.

육신배속표

	가족(남)	가족(여)	직장	거래	기타	기타
편관	조부	외부	사장	관운	권위	국록
정관	조모	본남편	사장	직업	통솔	승진
편인	부	모	상사	교육	가정	분복
정인	모	부	상사	학문	화목	희망
비견	형제	자매	동료	우인	신용	체력
겁재	자매	형제	동료	동기	부부	건강
식신	아들	딸	부하	인기	명예	식복
상관	딸	아들	부하	재능	사교	기술
편재	첩	시어머니	부하	재물	축재	여행
정재	본부인	시아버지	부하	재물	금전	이동

2. 육신(六神)의 표출법

① 비견(比肩) : 일간(日干)과 오행이 같고 음양이 같은 것.

② 겁재(劫財) : 일간(日干)과 오행이 같고 음양이 다른 것.

③ 식신(食神) : 일간(日干)이 오행을 생조하며 음양이 같은 것.

④ 상관(傷官) : 일간(日干)이 오행을 생조하며 음양이 다른 것.

⑤ 편재(偏財) : 일간(日干)이 오행을 파극(破剋)하며 음양이 같은 것.

⑥ 정재(正財) : 일간(日干)이 오행을 파극(破剋)하며 음양이 다른 것.

⑦ 편관(偏官) : 오행이 일간(日干)을 파극(破剋)하며 음양이 같은 것.

⑧ 정관(正官) : 오행이 일간(日干)을 파극(破剋)하며 음양이 다른 것.

⑨ 편인(偏印) : 오행이 일간(日干)을 생조하며 음양이 같은 것.

⑩ 정인(正印) : 오행이 일간(日干)을 생조하며 음양이 다른 것.

예를 들어 일간(日干)이 갑목(甲木)일 경우

① 갑(甲)은 일간(日干)과 오행이 같고 음양이 같으니 비견(比肩)이다.

② 을(乙)은 일간(日干)과 오행이 같고 음양이 다르니 겁재(劫財)다.

③ 병(丙)은 일간(日干)이 오행을 생조하며 음양이 같으니 식신(食神)이다.

④ 정(丁)은 일간(日干)이 오행을 생조하며 음양이 다르니 상관(傷官)이다.

천간(天干) 육신(六神) 표출표

日干 六神	甲日	乙日	丙日	丁日	戊日	己日	庚日	辛日	壬日	癸日
比肩	甲	乙	丙	丁	戊	己	庚	辛	壬	癸
劫財	乙	甲	丁	丙	己	戊	辛	庚	癸	壬
食神	丙	丁	戊	己	庚	辛	壬	癸	甲	乙
傷官	丁	丙	己	戊	辛	庚	癸	壬	乙	甲
偏財	戊	己	庚	辛	壬	癸	甲	乙	丙	丁
正財	己	戊	辛	庚	癸	壬	乙	甲	丁	丙
偏官	庚	辛	壬	癸	甲	乙	丙	丁	戊	己
正官	辛	庚	癸	壬	乙	甲	丁	丙	己	戊
偏印	壬	癸	甲	乙	丙	丁	戊	己	庚	辛
印綬	癸	壬	乙	甲	丁	丙	己	戊	辛	庚

일간(日干)을 기준으로 천간(天干)을 대조한다.

지지(地支) 육신(六神) 표출표

日干\六神	甲日	乙日	丙日	丁日	戊日	己日	庚日	辛日	壬日	癸日
比肩	寅	卯	巳	午	辰戌	丑未	申	酉	亥	子
劫財	卯	寅	午	巳	丑未	辰戌	酉	申	子	亥
食神	巳	午	辰戌	丑未	申	酉	亥	子	寅	卯
傷官	午	巳	丑未	辰戌	酉	申	子	亥	卯	寅
偏財	辰戌	丑未	申	酉	亥	子	寅	卯	巳	午
正財	丑未	辰戌	酉	申	子	亥	卯	寅	午	巳
偏官	申	酉	亥	子	寅	卯	巳	午	辰戌	丑未
正官	酉	申	子	亥	卯	寅	午	巳	丑未	辰戌
偏印	亥	子	寅	卯	巳	午	辰戌	丑未	申	酉
印綬	子	亥	卯	寅	午	巳	丑未	辰戌	酉	申

일간(日干)을 기준으로 지지(地支)를 대조한다.

⑤ 무(戊)는 일간(日干)이 오행을 파극(破剋)하며 음양이 같으니 편재(偏財)다.

⑥ 기(己)는 일간(日干)이 오행을 파극(破剋)하며 음양이 다르니 정재(正財)다.

⑦ 경(庚)은 오행이 일간(日干)을 파극(破剋)하며 음양이 같으니 편관(偏官)이다.

⑧ 신(辛)은 오행이 일간(日干)을 파극(破剋)하며 음양이 다르니 정관(正官)이다.

⑨ 임(壬)은 오행이 일간(日干)을 생조하며 음양이 같으니 편인(偏印)이다.

⑩ 계(癸)는 오행이 일간(日干)을 생조하며 음양이 다르니 정인(正印)이다. 정인(正印)은 인수(印綬)라고도 한다.

3. 육신(六神)의 길작용

1) 비견(比肩)

비견(比肩)이 길신(吉神)이면 정신력이 강하며 성품이 온화하고, 독립심이 강하며 형제와 화합을 잘한다.

```
년 월 일 시
戊 癸 丙 丙          甲乙丙丁戊己庚辛
子 亥 辰 申          子丑寅卯辰巳午未
```

병화일주(丙火日主)가 해(亥)월에 태어났는데 년지(年支)에 자수(子水)가 들어 신약(身弱)하다. 신약(身弱) 사주이면 인성(印星)이나 비겁(比劫)이 길한데 시상(時上)에 병화(丙火)가 들어 비견(比肩)이 길작용을 한다. 비견(比肩)이 길작용을 하면 형제의 도움을 받고, 친구와의 인연이 길하다. 병화(丙火)가 용신(用神)에 해당하니 행운에서 병정(丙丁)이나 사오미(巳午未)년을 만나면 재물이 들어오고 건강이 좋아진다. 그러나 수(水)가 기신(忌神) 작용을 하니 임계(壬癸)나 해자축(亥子丑)운을 만나면 관재구설이나 법문제가 생기고, 건강면에서는 요도기·심장·혈액에 질병이 생긴다. 년상(年上) 무토(戊土)와 일지(日支) 진토(辰土)는 홍수를 막는 토극수(土剋水)를 하므로 희신(喜神) 역활을 한다. 행운이란 대운(大運)·년운(年運)·월운(月運)·일운(日運)을 통틀어 말한다.

2) 겁재(劫財)

겁재(劫財)가 길신이면 건강하며 장수하고, 부부간에도 화합을 잘하며 동업에 성공하여 자수성가한다.

년	월	일	시
乙	己	戊	己
亥	丑	子	未

庚辛壬癸甲乙丙丁
寅卯辰巳午未申酉

무토일주(戊土日主)가 축(丑)월에 태어나 사주가 매우 차가운데 해자축(亥子丑)이 방합(方合)을 이루어 수기(水氣)가 넘친다. 따라서 제방(制防)과 조후(調候)하려면 화토(火土)가 길작용을 해야 한다. 월상(月上)과 시상(時上)에 기토(己土)가 투출(透出)하여 길작용을 하니 형제자매와 인연이 길하고 친구의 도움도 많이 받았다. 사주가 신강(身强)하고 재성(財星)도 강하니 재물복이 많아 수천 석을 모았다. 그러나 일지(日支) 자수(子水)는 기신(忌神) 작용을 하니 남편이 많은 재산을 남겨놓고 황천객이 되어 돈 많은 과부가 되었다. 재물을 모으는 재능은 있었지만 독수공방은 면할 길이 없었다. 타고난 팔자는 고칠 수 없는 모양이다.

3) 식신(食神)

식신(食神)이 길신이면 지혜가 총명하며 수명이 길고, 심신이 건강하며 부하와 인연이 좋다.

년	월	일	시									
乙	壬	庚	甲		辛	庚	己	戊	丁	丙	乙	甲
巳	午	辰	申		巳	辰	卯	寅	丑	子	亥	戌

경금일주(庚金日主)가 오(午)월에 태어나 사주에 화기(火氣)가 넘친다. 월상(月上)의 임수(壬水) 식신(食神)이 용신(用神)이고, 일지(日支)에 진토(辰土)가 들고 시지(時支)에 신금(申金)이 들어 신약(身弱)하지 않다. 만일 너무 신약(身弱)하면 식상(食傷)을 용신(用

神)으로 쓸 수 없다. 그러나 본명처럼 일주(日柱)가 신약(身弱)하지 않고 관살(官殺)이 태왕하면 식상(食傷)으로 제살(制殺)해야 사주가 좋아진다. 이 사람은 식신(食神)이 용신(用神)이니 지혜가 많아 어려서는 천재라는 소리를 들었고, 건강하게 장수하였다. 부하도 많이 따랐으며 재물도 수만 석을 모아 거부로 살았다. 실로 오복을 갖춘 좋은 팔자다. 용신(用神)이란 사주에서 팔자를 조화시키는 가장 필요한 오행을 말한다.

4) 상관(傷官)

상관(傷官)이 길신이면 자손이 번창하며 효도하고, 다재다능하며 의식주가 풍부하다.

년	월	일	시
壬	癸	甲	丁
子	丑	午	卯

壬辛庚己戊丁丙乙
子亥戌酉申未午巳

갑목일주(甲木日主)가 축(丑)월에 태어나 사주에 수기(水氣)가 태왕하다. 우선 조후(調候)시켜야 갑목(甲木)이 얼어죽지 않는다. 따라서 시상(時上) 정화(丁火)가 용신(用神)인데 일지(日支) 오화(午火)에 통근(通根)하여 강하니 길복이 많은 사주가 되었다. 일지(日支) 오화(午火)가 용신(用神)이니 남편복이 많아 인자하며 예의범절이 바른 군자를 만났다. 초년은 흉운이라 빈천하여 매우 고생했으나 결혼한 후 남편덕에 귀부인 대우를 받으며 살았다. 상관(傷官)이 용신(用神)이니 자식을 여럿 두었는데 효심이 깊었고, 본인도 재능이 많았다.

5) 편재(偏財)

편재(偏財)가 길신이면 재물이 충만하고, 복이 많은 아내를 만나 부부간에 화합이 잘되고, 길복을 누린다.

```
년  월  일  시
甲  癸  庚  己          甲乙丙丁戊己庚辛
辰  酉  申  卯          戌亥子丑寅卯辰巳
```

경금일주(庚金日主)가 유(酉)월에 태어나 신강(身强)하니 년상(年上) 갑목(甲木)이 용신(用神)인데 년지(年支) 진토(辰土)와 시지(時支) 묘목(卯木)에 통근(通根)하여 강하다. 천간(天干)에 투출(透出)한 오행은 지지(地支)에 통근(通根)해야 강한 법이다. 용신(用神)이 투출(透出)하면 반드시 지지(地支)에 뿌리를 내려 통근(通根)이 잘 되어야 강하고, 용신(用神)이 강해야 길복이 많은 사주가 된다.

본명은 신강(身强)하고 재왕(財旺)하니 재물복이 많으나, 일지(日支) 신금(申金)이 기신(忌神)에 해당하여 아내복은 없어 난폭하며 무례한 사람을 만났다. 이 사람은 아내와 각방을 쓰다가 첩을 얻어 행복하게 살았다. 본명처럼 재성(財星)은 길하나 일지(日支)가 흉하면 아내와 갈등이 많고 첩을 둔다.

6) 정재(正財)

정재(正財)가 길신이면 재물복이 계속 따르고, 정직하며 신용이 있고, 좋은 아내를 만난다.

```
년 월 일 시
辛 辛 丙 辛        庚己戊丁丙乙甲癸
卯 卯 戌 卯        寅丑子亥戌酉申未
```

병화일주(丙火日主)가 묘(卯)월에 태어나 사주에 목기(木氣)가 많아 목생화(木生火)가 많으니 신강(身强)하다. 목기(木氣)가 많아 신강(身强)해졌으니 월상(月上)의 신금(辛金) 정재(正財)가 용신(用神)이다. 정재(正財)가 용신(用神)이니 재물복이 많았다. 정재(正財)는 글자 그대로 정직한 재물이니 정정당당하게 노력하여 만든 재물을 말한다. 따라서 정재(正財)가 용신(用神)인 사람은 비교적 정직하며 성실하다. 그리고 신금(辛金) 용신(用神)은 일지(日支) 술토(戌土)에 의지하여 강하고, 일지(日支) 술토(戌土) 역시 희신(喜神)에 해당하니 아내복도 많아 심성이 착하며 책임감이 강한 좋은 사람을 만났다.

7) 편관(偏官)

편관(偏官)이 길신이면 부귀영화를 누리며 권세와 관운이 좋다. 그러나 이타주의적인 정의감이 있다.

```
년 월 일 시
丙 庚 甲 丁        辛壬癸甲乙丙丁戊
戌 寅 子 卯        卯辰巳午未申酉戌
```

갑목일주(甲木日主)가 인(寅)월에 태어나 신강(身强)하니 용신(用神)은 월상(月上) 경금(庚金)이다. 편관(偏官)이 용신(用神)이니 도적과 죄인을 잡아들이는 포도청에 들어가 높은 자리에 올랐다. 편관(偏官)이 용신(用神)이면 편법으로 권세를 얻어 많은 부하를 통솔해 나갈 수 있다. 따라서 산적을 토벌하는데 혁혁한 공을 세우기도 하고, 역적을 잡는 일에 앞장서기도 하였다. 그러나 일지(日支) 자수(子水)가 구신(仇神)에 해당하여 아내덕은 별로 없었다. 아내는 음탕하여 바람을 피웠고, 결국 헤어지고 첩과 살았다. 재성(財星)은 길하나 일지(日支)가 흉하여 아내와 이별하고 첩과 사는 팔자가 된 것이다.

8) 정관(正官)

정관(正官)이 길신이면 직업이 안정되고, 정직하며 진실하고, 국가에는 충성하며 가정에서는 효도한다. 여자는 좋은 남편을 만난다.

```
년  월  일  시
甲  辛  甲  丁          庚己戊丁丙乙甲癸
子  卯  申  卯          寅丑子亥戌酉申未
```

갑목일주(甲木日主)가 묘(卯)월에 태어나 신강(身强)하니 월상(月上) 신금(辛金)이 용신(用神)인데 일지(日支) 신금(申金)에 통근(通根)하여 강하다. 정관(正官)이 용신(用神)이고 일지(日支)에 길성이 들어 남편복이 많아 정의감이 강한 고관을 만났다. 여명은 관성(官星)이 용신(用神)이면 남편복이 많다. 그리고 일지(日支)도 좋아야 한다. 정관(正官)이 용신(用神)이면 정직하며 진실하다.

9) 편인(偏印)

편인(偏印)이 길신이면 온후하며 학문과 인연이 좋고, 장수하며 상사를 존경하고, 효심노 싶다.

```
년  월  일  시
乙  甲  丙  辛          乙丙丁戊己庚辛壬
酉  申  辰  卯          酉戌亥子丑寅卯辰
```

병화일주(丙火日主)가 신(申)월에 태어나 사주에 금기(金氣)가 많으니 관인상생(官印相生)이 필요하다. 따라서 월상(月上) 갑목(甲木)이 용신(用神)이다. 편인(偏印)이 용신(用神)이니 가정에서는 부모의 도움을 받고, 사회에서는 선배의 도움을 받고, 직장에서는 상사의 도움을 받는다. 일지(日支) 진토(辰土)는 갑목(甲木) 용신(用神)의 통근지(通根支)이니 60% 정도 길하나, 토생금(土生金)으로 기신(忌神)인 신금(申金)을 생조하니 40% 정도 흉하다. 남편은 비교적 신용이 있고 애처가였다.

10) 인수(印綬)

인수(印綬)는 정인(正印)이라고도 한다. 길신이면 명예와 명성이 따르고, 인자하며 박애정신이 두텁고, 좋은 부모를 만난다.

```
년 월 일 시
戊 乙 戊 丁        丙丁戊己庚辛壬癸
子 卯 寅 巳        辰巳午未申酉戌亥
```

무토일주(戊土日主)가 묘(卯)월에 태어났다. 사주에 수기(水氣)와 목기(木氣)가 강하니 신약(身弱) 사주가 되었다. 따라서 인성(印星)과 비겁(比劫)이 길작용을 하니 시상(時上) 정화(丁火)로 용신(用神)을 삼아 강한 목기(木氣)를 목생화(木生火)하고 화생토(火生土)해야 사주가 좋아진다. 관살(官殺)이 태왕하면 인성(印星)으로 관인상생(官印相生)시켜야 하고, 일주(日柱)가 강하면 식상(食傷)으로 제살(制殺)시켜야 길하다. 그러나 본명은 관인상생(官印相生)이 더 유리하므로 시상(時上) 정화(丁火)를 쓰는 것이다. 인수(印

綬)가 용신(用神)이면 인자하며 박애정신이 강하고 선량하다.

4. 육신(六神)의 흉작용

1) 비견(比肩)

비견(比肩)이 흉신이면 정신력이 약하며 성격이 난폭하고, 자립심이 약하며 형제간에 우애가 없다.


```
년 월 일 시
戊 甲 甲 丁        乙丙丁戊己庚辛壬
申 寅 寅 卯        卯辰巳午未申酉戌
```


갑목일주(甲木日主)가 인(寅)월에 태어났고, 일지(日支)에 인목(寅木)과 시지(時支)에 묘목(卯木)이 들어 목기(木氣)가 대왕하다. 따라서 목(木)은 기신(忌神)이며, 비견(比肩)은 흉작용을 한다. 비견(比肩)이 흉작용을 하니 정신력이 약하며 성격이 난폭하였고, 형제간에 우애가 없었으며 단체생활을 잘 하지 못하였다. 비견(比肩)이 흉작용을 하면 대인관계가 원만하지 못하여 단체생활을 잘 못하는 특징이 있다. 그리고 비견(比肩)이 태과하면 아내복이 없다. 그래서 비견(比肩)이 많은 사윗감은 멀리하라는 말이 있다.

2) 겁재(劫財)

겁재(劫財)가 흉신이면 가정이 깨지고, 부모와 부부와 형제와 불화가 심하고, 동업은 반드시 실패하고, 유산은 탕진한다.

```
년  월  일  시
癸  癸  壬  丁        甲乙丙丁戊己庚辛
丑  亥  子  未        子丑寅卯辰巳午未
```

임수일주(壬水日主)가 해(亥)월에 태어나 지지(地支)가 해자축(亥子丑) 방합(方合)을 이루니 월상(月上)의 계수(癸水) 겁재(劫財)가 흉하다. 겁재(劫財)가 흉작용을 하면 부부가 이별한다. 그리고 부모와 이별하고, 형제와 우애가 없고, 친구와도 나빠 동업하면 반드시 실패하고, 조상의 유산도 지키지 못한다. 이 사람은 첫 결혼에 실패하여 과부가 되었다. 자영업으로 의식주 걱정은 없었지만 독수공방은 면할 길이 없었다. 비겁(比劫)이 흉작용을 하면 불화가 많다.

3) 식신(食神)

식신(食神)이 흉신이면 무지몽매하며 빈천하고, 부하에게 배신을 당하고, 병약하여 단명한다.

```
년  월  일  시
癸  癸  辛  癸     壬辛庚己戊丁丙乙
未  亥  亥  巳     戌酉申未午巳辰卯
```

신금일주(辛金日主)가 해(亥)월에 태어나 사주에 식신(食神)이 태과하니 흉작용을 한다. 수기(水氣)가 너무 많아 종격(從格)으로 보이나, 년지(年支)에 미토(未土)와 시지(時支)에 사화(巳火)가 들어 정격(正格) 사주가 되었다. 정격(正格)이면 신금일주(辛金日主)가 너무 신약(身弱)하다. 식신(食神)이 너무 많아 설기(泄氣)가 심하면 사주가 태약해져 흉함이 많다. 따라서 한 번도 제대로 된 직장을 가져보지 못하였고, 결혼운도 불리해 3번 결혼했으나 모두 실패하고 혼자 살았다. 평생 한 번도 발복하지 못하고 파란만장한 생애를 살았다. 종격(從格)에 가까운 정격(正格) 사주는 파란이 많다.

4) 상관(傷官)

상관(傷官)이 흉신이면 집안이 망하고, 자녀가 있어도 불효하며, 상사에게 반항하고, 의식주가 곤란하다.

년	월	일	시								
癸	丁	甲	丁		戊	己	庚	辛	壬	癸	甲	乙
亥	巳	午	卯		午	未	申	酉	戌	亥	子	丑

갑목일주(甲木日主)가 사(巳)월에 태어났는데 월상(月上)과 시상(時上)에 정화(丁火)가 투출(透出)하고, 일지(日支)에 오화(午火)가 들었으니 화기(火氣)가 넘친다. 즉 상관(傷官)이 태과하여 흉작용을 한다. 여명에 상관(傷官)이 너무 많으면 남편을 극하기 때문

에 상관(傷官)이 많은 며느리는 들이지 말라는 말이 있다. 상관(傷官)은 관살(官殺)을 파극(破剋)하기 때문이다. 이 사람도 결혼한 후 남편이 3년을 넘기지 못하고 고약한 병에 걸려 운명했다. 그후 재혼했으나 그 남편도 3년을 넘기지 못하고 죽었다. 여명에서 식신(食神)과 상관(傷官)이 태과하면 남편을 극하기 때문이다.

5) 편재(偏財)

편재(偏財)가 흉신이면 재물로 인한 고난이 따르고, 좋은 아내와 인연이 없어 부부불화가 많고, 흉화가 계속 따른다.

```
 년  월  일  시
 壬  壬  戊  戊          癸甲乙丙丁戊己庚
 申  子  子  午          丑寅卯辰巳午未申
```

무토일주(戊土日主)가 자(子)월에 태어났는데 년상(年上)과 월상(月上)에 임수(壬水)가 투출(透出)하고, 일지(日支)에 자수(子水)가 들어 수기(水氣)가 태과하다. 편재(偏財)가 흉작용을 하는 것이다. 편재(偏財)가 흉작용을 하면 우선 재물에 대한 고난이 따르므로 항상 돈 문제로 어려움이 많았다. 그리고 좋은 아내와 인연이 없다. 이 사람은 음란하며 호색적인 여자를 만나 부부불화가 많았다. 그리고 사주에 목기(木氣)가 전혀 없으니 인정과 인자함이 없었고, 수기(水氣)가 태과하니 사악한 지혜가 많아 사기성이 많았다.

6) 정재(正財)

　정재(正財)가 흉신이면 재물손실이 계속되고, 부정과 가식이 있고, 사업을 파산하며, 좋은 아내와 인연이 없다.

```
년  월  일  시
癸  乙  庚  己          甲癸壬辛庚己戊丁
丑  卯  寅  卯          寅丑子亥戌酉申未
```

　경금일주(庚金日主)가 묘(卯)월에 태어났는데 월상(月上)에 을목(乙木)이 투출(透出)하고, 일지(日支)에 인목(寅木)과 시지(時支)에 묘목(卯木)이 들었으니 목기(木氣)가 태과하다. 따라서 정재(正財)는 흉작용을 한다. 정재(正財)가 흉작용을 하면 재물손실이 계속되는데 이 사람도 지갑에 구멍이 난 것처럼 돈이 들어오기가 바쁘게 시라졌다. 그리고 성격이 인자하지 못하고 부정적이며 가식이 많았다. 몇 차례나 사업을 벌였지만 모두 파산하고 알거지가 되었다. 그리고 아내복도 없어 만나는 여자마다 어질지 못했다. 이 사주는 종격(從格)처럼 보이나 경금(庚金)은 양일간(陽日干)이고, 또 시상(時上)에 기토(己土)가 투출(透出)하고, 년지(年支)에서는 축토(丑土)가 토생금(土生金)으로 생조하니 정격(正格)이 되었다. 따라서 경금일주(庚金日主)가 너무 태약하여 파란만장했던 것이다.

7) 편관(偏官)

편관(偏官)이 흉신이면 빈천하며 권세와 직장을 잃고, 관운과 악연이 이어지며 이기적이다. 특히 여자는 남편복이 없다.

년	월	일	시							
甲	壬	丙	壬	癸	甲	乙	丙	丁	戊	己	庚
午	申	子	辰	酉	戌	亥	子	丑	寅	卯	辰

병화일주(丙火日主)가 신(申)월에 태어나 신자진(申子辰)이 삼합(三合)하여 수국(水局)을 이루니 수기(水氣)가 태과하다. 따라서 월상(月上)과 시상(時上) 임수(壬水)가 흉작용을 한다. 편관(偏官)이 흉작용을 하면 관재구설이 많고 빈천하다. 그리고 등과해도 곧 권세를 잃거나 직장을 잃는 등 관운이 나쁘고, 매사에 이기적이다. 특히 여자는 남편복이 없다. 이 사람도 일찍 등과하여 순조롭게 승진하다 뇌물사건에 휘말려 실직한 후 평생 구설수에 오르내려야 했다. 년지(年支) 오화(午火)가 용신(用神)이니 초년에는 부모덕에 호의호식하며 잘 자랐으나, 결혼한 후부터 운세가 나빠지더니 결국 이혼하고 패가망신하였다.

8) 정관(正官)

정관(正官)이 흉신이면 항상 직업이 불안하고, 사람을 속여 재물을 취하며 충효심이 없다. 특히 여자는 남편복이 없다.

```
년  월  일  시
己  戊  癸  戊        己庚辛壬癸甲乙丙
酉  辰  未  午        巳午未申酉戌亥子
```

계수일주(癸水日主)가 진(辰)월에 태어났는데 년상(年上)에 기토
(己土)와 시상(時上)에 무토(戊土)가 투출(透出)하고, 일지(日支)
에 미토(未土)가 들었으니 토기(土氣)가 태과하다. 따라서 정관(正
官)이 흉작용을 하니 일정한 직업이 없었고, 사람을 속여 재물을
취하며 충효심이 없었다. 그리고 남편복도 없어 4번 결혼했으나 모
두 실패하였다. 고집만 세고 아내를 사랑할 줄 모르는 소인배들만
만난 것이다. 이런 사주는 차라리 혼자 사는 것이 더 낫다. 분외물
탐(分外勿貪). 팔자에 없는 복은 바라지 말라는 말이다.

9) 편인(偏印)

편인(偏印)이 흉신이면 닝징하며 학문과 인연이 없고, 단명과 요
절이 따르고, 상사와 불화가 많고, 부모와도 인연이 박하다.

```
년  월  일  시
乙  丁  甲  壬        丙乙甲癸壬辛庚己
巳  亥  子  申        戌酉申未午巳辰卯
```

갑목일주(甲木日主)가 해(亥)월에 태어났고, 시상(時上)에 임수

(壬水)가 투출(透出)하고, 일지(日支)에 자수(子水)와 시지(時支)에 신금(申金)이 들어 금생수(金生水)하니 수기(水氣)가 태과하다. 갑목(甲木)이 부목(浮木)될 지경이니 시상(時上)의 임수(壬水) 편인(偏印)이 흉작용을 한다. 편인(偏印)이 흉작용을 하면 냉정하며 학문과 인연이 없어 공부에 취미가 없고, 단명과 요절하고, 선배나 상사와 불화가 많고, 부모와 인연이 박하여 고향을 일찍 떠난다.

본명은 월상(月上) 정화(丁火)가 용신(用神)이고, 일지(日支) 자수(子水)는 기신(忌神)에 해당하니 부부인연도 없었다. 따라서 평생 파란만장하였다. 이런 사주를 타고난 사람은 마음을 수양하여 개운해야 한다. 심변개운(心變開運). 마음을 수양하여 선해지면 운세도 개운된다는 뜻이다. 운종심기(運從心起). 운이란 마음을 따라 일어난다는 뜻이다. 결국 마음이 중요한 것이다. 불경에 일체유심조(一切唯心造)라는 글이 있다. 일체의 모든 것은 오직 마음에서 짓는다는 뜻이다. 옳은 말이다. 마음에서 모든 것을 지으니 마음을 잘 다스리는 것이 개운의 첩경이다.

10) 인수(印綬)

인수(印綬)가 흉신이면 명예가 없고, 잔인하며 난폭하고, 부모운이 없다.

년	월	일	시								
壬	壬	乙	丁		癸	甲	乙	丙	丁	戊	己	庚
申	子	巳	丑		丑	寅	卯	辰	巳	午	未	申

을목일주(乙木日主)가 자(子)월에 태어났는데 년상(年上)과 월상(月上)에 임수(壬水)가 투출(透出)하고, 년지(年支)에 신금(申金)이 들어 금생수(金生水)하니 수기(水氣)를 더 왕성하게 만들고, 또 시지(時支) 축토(丑土)도 해자축(亥子丑) 방합(方合)을 이루었다. 따라서 인수(印綬)는 흉작용을 한다. 인수(印綬)가 흉작용을 하면 명예를 얻지 못한다. 그리고 인수(印綬)가 흉작용을 하니 남을 용서할 줄 모르며 공익심이 전혀 없었고, 성격이 잔인하며 난폭하여 좋은 친구가 없었다. 그리고 부모와도 인연이 박하여 유산도 없었다. 인수(印綬)가 흉작용을 하면 대개 부모운이 없다.

7장. 십이운성(十二運星)

　십이운성(十二運星)이란 사람의 일생을 12단계로 나누어 운명에 적용시켜 만든 것이다. 사람이 태어나서 자라고, 청년이 되면 결혼하고, 출사하여 벼슬을 얻고, 재물을 모아 부자가 되고, 크게 왕성한 시기를 맞이한다. 그러나 왕성함이 극에 달하면 다시 쇠약해지고, 쇠약함이 지나면 병이 들고, 병이 들어 고생하다 죽고, 죽으면 이 세상과 인연이 끊어진다. 이런 12인연을 따라 다시 어머니의 모태에 들어가서 자라는 것을 말한다. 십이운성(十二運星)에는 장생(長生)·목욕(沐浴)·관대(冠帶)·건록(建祿)·제왕(帝旺)·쇠(衰)·병(病)·사(死)·묘(墓)·절(絶)·태(胎)·양(養)이 있다.

1. 장생(長生)

　장생(長生)은 모태에서 막 태어난 상태를 말하며, 대체로 왕성한 시기다. 성장하는 단계이니 귀여움과 사랑을 받는다. 길운에 해당하면 덕이 있고 사람이 많으나 흉운에 해당하면 덕이 없고 약하다.

1) 장생(長生)이 길한 경우

```
년  월  일  시
庚  戊  壬  癸          己庚辛壬癸甲乙丙
申  寅  寅  卯          卯辰巳午未申酉戌
```

본명은 년지(年支)의 신(申)이 장생(長生)에 해당한다. 인묘진(寅卯辰)이 방합(方合)을 이루어 목기(木氣)가 태과하니 년주(年柱) 경신금(庚辛金)이 길작용을 한다. 장생(長生)은 길작용을 하므로 조부모덕이 많아 초년에는 호의호식하며 자랐다. 장생(長生)이 길작용을 했기 때문이다.

2) 장생(長生)이 흉한 경우

```
년  월  일  시
丁  癸  甲  甲          甲乙丙丁戊己庚辛
亥  丑  午  子          寅卯辰巳午未申酉
```

본명은 년지(年支) 해수(亥水)가 장생(長生)에 해당한다. 해자축(亥子丑)이 방합(方合)을 이루어 해수(亥水) 장생(長生)이 흉작용을 한다. 따라서 초년부터 집안이 매우 빈천하였고, 부모 때는 더 어려워 밥을 굶을 정도였다. 그러다 좋은 남편을 만나 행복하게 살았다.

2. 목욕(沐浴)

목욕(沐浴)은 태어난 후 목욕시키는 것을 말하며, 대개 왕성한 시기다. 이성에 눈을 뜨는 시기이니 바람기가 발동하여 구설수가 따르기도 한다. 길운에 해당하면 다정다감하며 좋은 배우자를 만나나, 흉운에 해당하면 색난과 불륜으로 흐르기 쉽다.

1) 목욕(沐浴)이 길한 경우

년	월	일	시							
癸	乙	丁	戊	甲	癸	壬	辛	庚	己	戊	丁
卯	卯	酉	申	寅	丑	子	亥	戌	酉	申	未

본명은 시지(時支) 신금(申金)이 목욕(沐浴)에 해당하는데 사주에 목기(木氣)가 왕하니 길작용을 한다. 따라서 재물복과 아내덕이 많았다. 목욕(沐浴)이 길하여 여자들에게 인기가 좋았다.

2) 목욕(沐浴)이 흉한 경우

년	월	일	시							
庚	乙	丁	癸	甲	癸	壬	辛	庚	己	戊	丁
申	酉	酉	卯	申	未	午	巳	辰	卯	寅	丑

년지(年支) 신금(申金)이 목욕(沐浴)인데 월지(月支)와 일지(日支)가 유금(酉金)이니 금기(金氣)가 태왕하다. 태왕한 오행은 흉작용을 하기 때문에 제극(制剋)해야 사주가 좋아진다. 이 사람은 신금(申金) 목욕(沐浴)이 흉작용을 하여 색을 좋아하였다.

3. 관대(冠帶)

관대(冠帶)는 성장하여 의복을 갖추고 결혼하는 단계를 말하며, 대체로 왕성한 시기다. 사회에 진출하는 시기이므로 출세에 대한 욕망이 강하다. 길운에 해당하면 발랄하며 인기가 있으나, 흉운에 해당하면 고집불통이며 투쟁이 많다.

1) 관대(冠帶)가 길한 경우

년	월	일	시								
丁	丙	甲	乙			丁	戊	己	庚	辛	壬	癸	甲
巳	午	寅	丑			未	申	酉	戌	亥	子	丑	寅

본명은 시지(時支) 축토(丑土)가 관대(冠帶)에 해당한다. 년주(年柱)에 정사(丁巳)가 들고 월주(月柱)에 병오(丙午)가 들어 화기(火氣)가 태왕하니 설기(泄氣)가 심하여 신약(身弱) 사주가 되었다. 따라서 시지(時支)의 축(丑) 계수(癸水)는 수생목(水生木)하여 길작용을 한다. 즉 관대(冠帶)가 길작용을 하니 말년에 재물복과 자식복이 많아 노년이 평안하였다.

2) 관대(冠帶)가 흉한 경우

```
년  월  일  시
丁  癸  甲  庚          壬辛庚己戊丁丙乙
丑  丑  子  午          子亥戌酉申未午巳
```

본명은 년지(年支)와 월지(月支) 축토(丑土)가 관대(冠帶)에 해당한다. 월상(月上)에 계수(癸水)가 투출(透出)하고 일지(日支)에 자수(子水)가 들어 수기(水氣)가 태왕하니 관대(冠帶)가 흉작용을 한다. 관대(冠帶)가 흉작용을 하면 고집불통이며 투쟁이 많고, 여자문제와 재물문제가 많다.

4. 건록(建祿)

건록(建祿)은 장성하여 사회에 진출하는 단계를 말하며, 대체로 왕성한 시기다. 자수성가하여 부유함을 축적해가는 좋은 때다. 길운에 해당하면 승진과 출세와 성공이 따르나, 흉운에 해당하면 사업이 파산하며 용두사미가 된다.

1) 건록(建祿)이 길한 경우

```
년  월  일  시
戊  乙  庚  乙          丙丁戊己庚辛壬癸
寅  卯  寅  酉          辰巳午未申酉戌亥
```

본명은 시지(時支) 유금(酉金)이 건록(建祿)에 해당한다. 월상(月上)에 을목(乙木)이 투출(透出)하고, 년지(年支)와 일지(日支)에 인목(寅木)이 들고, 월지(月支)에 묘목(卯木)이 들어 목기(木氣)가 태왕하니 목기(木氣)를 억제해야 사주가 좋아진다. 즉 금극목(金剋木)해야 하니 시지(時支) 유금(酉金)은 길작용을 한다. 즉 건록(建祿)이 길작용을 하여 수만 석을 모을 수 있었다. 그러나 일지(日支)에 기신(忌神)이 들고, 재성(財星)이 흉작용을 하니 아내복이 없고 여자문제가 복잡하였다.

2) 건록(建祿)이 흉한 경우

```
년 월 일 시
乙 乙 庚 己        丙丁戊己庚辛壬癸
酉 酉 申 卯        戌亥子丑寅卯辰巳
```

이 사주는 여명인데 경금일주(庚金日主)가 년지(年支)와 월지(月支)에 유금(酉金)이 들어 건록(建祿)이 되었다. 그런데 일지(日支)에도 신금(申金)이 들어 금기(金氣)가 태왕하니 금기(金氣)가 흉작용을 한다. 즉 건록(建祿)이 흉작용을 하는 것이다. 따라서 결혼하였으나 남편이 백수건달에 도박에 빠졌다. 남편이 부모가 물려준 유산을 모두 탕진하고 집을 나가버린 후에는 독수공방하며 빈천한 신세가 되었다.

5. 제왕(帝旺)

제왕(帝旺)은 가장 전성기로, 벼슬길에 나가 출세한 상태를 말하며, 대체로 왕성한 시기다. 길운에 해당하면 부귀영화를 누리며 만사가 형통하나, 흉운에 해당하면 노력해도 이익이 없다.

1) 제왕(帝旺)이 길한 경우

```
년  월  일  시
癸  丁  壬  癸        丙乙甲癸壬辛庚己
未  巳  子  卯        辰卯寅丑子亥戌酉
```

임수일주(壬水日主)가 일지(日支)에 자수(子水)가 있어 제왕(帝旺)이 되었다. 월상(月上)에 정화(丁火)가 투출(透出)하고, 년지(年支)에 미토(未土)가 들고, 월지(月支)에 사화(巳火)가 들어 화기(火氣)가 태왕하니 일지(日支) 자수(子水)는 길작용을 한다. 즉 제왕(帝旺)이 길작용을 한다. 일지(日支)의 제왕(帝旺)이 길작용을 하니 아내복이 많았다. 아내의 내조와 덕으로 많은 재산을 축적할 수 있었다. 유운득복(有運得福). 운이 있으면 복을 받는 법이다.

2) 제왕(帝旺)이 흉한 경우

```
년  월  일  시
戊  癸  壬  丁        壬辛庚己戊丁丙乙
申  亥  子  未        戌酉申未午巳辰卯
```

임수일주(壬水日主)가 일지(日支)에 자수(子水)가 들어 제왕(帝旺)이 되었다. 그러나 월상(月上)에 계수(癸水)가 들고, 년지(年支)에 신금(申金)이 들어 금생수(金生水)하고, 월지(月支)에 해수(亥水)가 들어 수기(水氣)가 태왕하니 흉작용을 한다. 따라서 일지(日支)의 자수(子水), 즉 제왕(帝旺)은 흉작용을 한다. 남편복이 없는 사주가 되어 남편이 바람둥이이며 불륜을 저질러 갈등이 많다가 이혼하였다. 그러나 시주(時柱)에 정미(丁未)가 들어 재물복이 따라 자수성가하여 많은 돈을 모았다. 즉 돈 많은 과부가 된 것이다.

6. 쇠(衰)

쇠(衰)는 쇠약을 의미하며 대체로 후퇴는 시기다. 단계별로 보면 쇠약해지는 시기이며 행정의 경험과 능숙한 기술을 가진 시기다. 길운에 해당하면 권모술수가 통하며 역리로 행하여도 이익을 얻으나, 흉운에 해당하면 유리방탕하며 고독하다.

1) 쇠(衰)가 길한 경우

년	월	일	시								
庚	乙	甲	丁		丙	丁	戊	己	庚	辛	壬	癸
戌	酉	辰	卯		戌	亥	子	丑	寅	卯	辰	巳

갑목일주(甲木日主)가 유(酉)월에 태어났고, 일지(日支)의 진토

(辰土)는 쇠(衰)에 해당한다. 갑목일주(甲木日主)가 신약(身弱)하니 일지(日支) 진토(辰土)는 길작용을 한다. 따라서 아내복이 많아 신용이 있고 책임감이 강하며 재물복도 많은 현모양처를 만났다. 진토(辰土)가 지지(地支)에 들면 남녀 모두 호색적이다.

2) 쇠(衰)가 흉한 경우

년	월	일	시
戊	丙	甲	癸	丁戊己庚辛壬癸甲
辰	辰	辰	酉	巳午未申酉戌亥子

갑목일주(甲木日主)가 지지(地支)에 진토(辰土)가 들었으니 쇠(衰)에 해당하고, 년월일지(年月日支)에 진토(辰土)가 들어 태왕하니 흉작용을 한다. 따라서 조상들이 쇠약하였고, 부모 때도 가세가 쇠약하였다. 그리고 부부간에도 애정이 약하여 갈등이 많았다. 본명은 시상(時上) 계수(癸水)가 용신(用神)이고, 시지(時支) 유금(酉金)은 금생수(金生水)하여 길작용을 한다.

7. 병(病)

병(病)은 병과 싸우는 것을 말하며, 대체로 후퇴하는 시기다. 단계별로 보면 질병이 들어 불리한 때이니 열심히 신앙생활을 해야 하는 시기이다. 사업가는 은퇴를 준비해야 한다. 길운에 해당하면 신앙심이 좋아지며 좋은 법문을 들으나, 흉운에 해당하면 병에 걸려 고생한다.

1) 병(病)이 길한 경우

```
년 월 일 시
丁 丙 庚 乙        乙甲癸壬辛庚己戊
亥 午 戌 酉        巳辰卯寅丑子亥戌
```

경금일주(庚金日主)가 해수(亥水)가 들어 병(病)이 되었다. 년상(年上)에 정화(丁火)와 월상(月上)에 병화(丙火)가 투출(透出)했는데 오(午)월생이니 화기(火氣)가 태왕하다. 화기(火氣)를 억제해야 좋아지니 년지(年支) 해수(亥水)는 길작용을 한다. 즉 병(病)이 유리한 사주가 된 것이다. 따라서 조부 때는 근동에서 알아주는 부자였으나 부모가 도박으로 재산을 모두 탕진하였다.

2) 병(病)이 흉한 경우

```
년 월 일 시
丙 己 庚 丙        戊丁丙乙甲癸壬辛
子 亥 子 戌        戌酉申未午巳辰卯
```

경금일주(庚金日主)가 월지(月支)에서 해(亥)를 만나 병(病)이 되었다. 년지(年支)와 일지(日支)에 자수(子水)가 들어 수기(水氣)가 태왕하니 해수(亥水), 즉 병(病)은 흉작용을 한다. 따라서 남편복이 없어 남편은 병마에 시달리며 고생했다. 이 사주는 차가우니 따뜻하게 하려면 병화(丙火)가 필요하고, 신약(身弱)한 일주(日主)를 부조(扶助)하려면 기토(己土)와 술토(戌土)가 필요하다.

8. 사(死)

사(死)는 병이 들어 고통을 당하다가 죽는 것을 말하며, 대체로 후퇴는 시기다. 일선에서 물러나 조용히 쉬며 수양하는 시기다. 길운에 해당하면 기능을 발휘하며 영광이 있으나, 흉운에 해당하면 퇴출과 배신을 당한다.

1) 사(死)가 길한 경우

```
년 월 일 시
己 乙 壬 癸        丙丁戊己庚辛壬癸
酉 亥 子 卯        子丑寅卯辰巳午未
```

임수일주(壬水日主)가 지지(地支)에서 묘(卯)를 만나 사(死)가 되었다. 시상(時上)에 계수(癸水)가 투출(透出)하고, 해(亥)월생이 일지(日支)에 자수(子水)가 있으니 수기(水氣)가 태왕하다. 어떤 사주든 태왕한 오행이 있으면 제극(制剋)하거나 설기(泄氣)시켜야 조화를 이룬다. 본명에서는 을묘목(乙卯木)으로 설기(泄氣)시키는 것이 더 유리하다. 따라서 자식이 총명하며 효심이 깊었다.

2) 사(死)가 흉한 경우

```
년  월  일  시
己  丁  壬  己          丙乙甲癸壬辛庚己
卯  卯  寅  酉          寅丑子亥戌酉申未
```

임수일주(壬水日主)가 지지(地支)에서 묘(卯)를 만나 사(死)가 되었다. 년지(年支)와 월지(月支)에 묘목(卯木)이 들고, 일지(日支)에 인목(寅木)이 들어 목기(木氣)가 태왕하다. 따라서 조모가 단명하였고, 어머니도 단명하였다. 그리고 아내도 일찍 잃었다. 사(死)가 흉작용을 한 것이다.

9. 묘(墓)

묘(墓)는 무덤에 들어가는 것을 말하며, 대체로 후퇴하는 시기다. 경제력이 없고 답답한 시기이니 만사가 그림의 떡이다. 길운에 해당하면 창고에 적재하며 현상유지를 하나, 흉운에 해당하면 만사불통이 되어 답답하다.

1) 묘(墓)가 길한 경우

```
년  월  일  시
甲  丁  癸  癸          戊己庚辛壬癸甲乙
子  丑  未  亥          寅卯辰巳午未申酉
```

계수일주(癸水日主)가 지지(地支)에서 미(未)를 만나 묘(墓)가 되었다. 시상(時上)에 계수(癸水)가 투출(透出)하고, 년지(年支)에 자수(子水)가 들고, 월지(月支)에 축(丑)이 있으니 수기(水氣)가 태왕하다. 따라서 왕성한 수기(水氣)를 억제해야 사주가 좋아진다. 즉 화토(火土)운이 길하니 일지(日支) 미토(未土)는 길작용을 한다. 묘(墓)가 길작용을 하니 아내복이 있어 신용이 있고 예의가 바른 현모양처를 만났다.

2) 묘(墓)가 흉한 경우

```
년  월  일  시
己  辛  癸  己          壬癸甲乙丙丁戊己
未  未  酉  未          申酉戌亥子丑寅卯
```

계수일주(癸水日主)가 지지(地支)에서 미(未)를 만나 묘(墓)가 되었다. 그런데 년상(年上)과 시상(時上)에 기토(己土)가 두출(透出)

하고, 년지(年支)와 월지(月支)에 미토(未土)가 들어 토기(土氣)가 태왕하니 미토(未土)는 흉작용을 한다. 묘(墓)가 년지(年支)와 월지(月支)에 들어 조부모와 부모가 무능하여 빈천하였다. 이 사람은 자수성가하여 결혼한 후부터 남편의 도움으로 부유하게 살았다.

10. 절(絶)

절(絶)은 무덤에 들어가는 것을 말하며, 대체로 후퇴하는 시기다. 단계별로 보면 변하며 환생하는 시기이니 세상과 인연을 끊고 수도생활을 하는 것이 필요한 시기다. 길운에 해당하면 좋은 인연을 많이 만나지만 흉운에 해당하면 인덕이 없다.

1) 절(絶)이 길한 경우

년	월	일	시								
癸	辛	庚	己		庚	己	戊	丁	丙	乙	甲	癸
未	酉	寅	卯		申	未	午	巳	辰	卯	寅	丑

경금일주(庚金日主)가 지지(地支)에서 인목(寅木)을 만나 절(絶)이 되었다. 월상(月上)에 신금(辛金)이 투출(透出)하고, 시상(時上)에 기토(己土)와 년지(年支)에 미토(未土)가 들어 토생금(土生金)하고, 월지(月支)가 유금(酉金)이니 금기(金氣)가 태왕하다. 따라서 목기(木氣)가 가장 좋고, 그 다음은 화기(火氣)와 수기(水氣) 순이

다. 일지(日支) 인목(寅木)은 절(絶)에 해당하나 길작용을 하여 아내복이 많았다.

2) 절(絶)이 흉한 경우

```
년  월  일  시
甲  丁  庚  辛          丙乙甲癸壬辛庚己
寅  卯  辰  巳          寅丑子亥戌酉申未
```

경금일주(庚金日主)가 지지(地支)에 인목(寅木)이 있어 절(絶)이 되었다. 년상(年上)에 갑목(甲木)이 투출(透出)하고, 년지(年支)에 인목(寅木)과 월지(月支)에 묘목(卯木)이 들고, 일지(日支)에 진토(辰土)가 들어 인묘진(寅卯辰) 방합(方合)을 이루어 목기(木氣)가 태왕하다. 목기(木氣)를 억제해야 사주가 좋아진다. 따라서 년지(年支) 인목(寅木)은 흉작용을 히니 조부모와 부모 때는 빈천하였다.

11. 태(胎)

태(胎)는 새 생명이 모태에 잉태되는 것을 말하며, 보통 평범한 시기다. 단계별로 보면 어머니의 뱃속에 있는 상태이니 무능하며 대세에 의존해야 하는 시기다. 길운에 해당하면 성장하고 회복하며 개운하지만 흉운에 해당하면 무력하며 허약하고 노예가 된다.

1) 태(胎)가 길한 경우

```
년 월 일 시
癸 乙 甲 庚        丙丁戊己庚辛壬癸
酉 卯 寅 午        辰巳午未申酉戌亥
```

　이 사주는 여명인데 갑목일주(甲木日主)가 지지(地支)에서 유금 (酉金)을 만나 태(胎)가 되었다. 월상(月上)에 을목(乙木)이 투출 (透出)하고, 월지(月支)에 묘(卯)가 들고, 일지(日支)에 인목(寅木) 이 들었으니 목기(木氣)가 태왕하다. 따라서 목기(木氣)는 흉작용 을 하니 목기(木氣)를 억제해야 사주가 좋아지는데 년지(年支)의 유금(酉金)으로 금극목(金剋木)하니 사주가 길하게 되었다. 년지 (年支) 유금(酉金)이 태(胎)가 되어 길작용을 하니 조부 때는 높은 벼슬을 한 집안이었다.

2) 태(胎)가 흉한 경우

```
년 월 일 시
庚 乙 甲 壬        甲癸壬辛庚己戊丁
子 酉 申 申        申未午巳辰卯寅丑
```

　갑목일주(甲木日主)가 지지(地支)에서 유금(酉金)을 만났으니 태

(胎)에 해당한다. 년상(年上)에 경금(庚金)이 투출(透出)하고, 월지 (月支)에 유(酉)가 들고, 일지(日支)와 시지(時支)에 신금(申金)이 들었으니 관살(官殺)이 태왕하다. 따라서 남편복이 없어 백수건달 에 폭력을 행사하는 소인배를 만나 고생하다 야간도주하였다. 그러 나 다시 만난 남자도 역시 폭력배였고, 또 야간도주하였다. 평생 좋 은 남자는 한 번도 만나지 못하였다.

12. 양(養)

양(養)은 생명이 모태에서 자라는 것을 말하며, 대개 평범한 시기 다. 단계별로 보면 보호를 받아야 할 시기이니 무능하다. 길운에 해 당하면 부모나 형제나 친구의 도움을 받으나, 흉운에 해당하면 만 나는 사람마다 충돌하며 버림받는다.

1) 양(養)이 길한 경우

년	월	일	시										
甲	丁	丙	辛	戊	己	庚	辛	壬	癸	甲	乙	丙	丁
午	丑	午	卯	寅	卯	辰	巳	午	未	申	酉	戌	亥

병화일주(丙火日主)가 지지(地支)에서 축토(丑土)를 만났으니 양 (養)에 해당한다. 월상(月上)에 정화(丁火)가 투출(透出)하고, 년지 (年支)와 일지(日支)에 오화(午火)가 들어 화기(火氣)가 태왕하다.

화기(火氣)를 억제해야 사주가 좋아지는데 축(丑)에 계수(癸水)가 들어 수극화(水剋火)하니 사주가 좋아졌다. 또 왕화(旺火)를 축토(丑土)가 설기(泄氣)하여 불길을 억제해준다. 본명에서는 축토(丑土)인 양(養)이 길작용을 한다.

2) 양(養)이 흉한 경우

```
년  월  일  시
癸  乙  丙  丁        丙丁戊己庚辛壬癸
亥  丑  子  酉        寅卯辰巳午未申酉
```

병화일주(丙火日主)가 지지(地支)에서 축토(丑土)를 만났으니 양(養)에 해당하고, 지지(地支)가 해자축(亥子丑) 방합(方合)을 이루어 수기(水氣)가 태왕하니 축토(丑土)는 흉작용을 한다. 그런데 일지(日支)에 자수(子水)가 들었으니 남편과 갈등이 심하였고, 관재구설도 끊이지 않았다. 그러나 다행인 것은 월상(月上)에 을목(乙木)이 들어 관인상생(官印相生)하는 것이다. 신약(身弱)한데 관살(官殺)이 태왕하면 불길한데 이때는 인성(印星)으로 관인상생(官印相生)시켜야 좋아진다.

십이운성조견표(十二運星早見表)

	甲	乙	丙	丁	戊	己	庚	辛	壬	癸
長生	亥	午	寅	酉	寅	酉	巳	子	申	卯
沐浴	子	巳	卯	申	卯	申	午	亥	酉	寅
帶	丑	辰	辰	未	辰	未	未	戌	戌	丑
祿	寅	卯	巳	午	巳	午	申	酉	亥	子
旺	卯	寅	午	巳	午	巳	酉	申	子	亥
衰	辰	丑	未	辰	未	辰	戌	未	丑	戌
病	巳	子	申	卯	申	卯	亥	午	寅	酉
死	午	亥	酉	寅	酉	寅	子	巳	卯	申
墓	未	戌	戌	丑	戌	丑	丑	辰	辰	未
絶	申	酉	亥	子	亥	子	寅	卯	巳	午
胎	酉	申	子	亥	子	亥	卯	寅	午	巳
養	戌	未	丑	戌	丑	戌	辰	丑	未	辰

8장. 지지(地支)의 암장(暗藏)

지지(地支)에는 천간(天干)이 들어 있는데 이것을 지지(地支)의 암장(暗藏)이라 한다. 지지(地支)의 성질과 구성을 자세하게 이해해야 간명하는데 어려움이 없으므로 본 장에서는 암장(暗藏)을 상세하게 살펴보기로 한다.

1) 자수(子水)의 암장(暗藏)

자(子)는 초기(初氣)는 임(壬)이 10일 3분이고, 중기(中氣)는 없고, 정기(正氣)는 계(癸)가 20일 3분이다. 그러므로 자(子)는 모두 수기(水氣)로 구성된 완전한 물이다. 자수(子水)는 강한 수기(水氣)를 지니므로 어떤 유혹에도 본성이 변하지 않는다. 따라서 자수(子水)가 들면 종격(從格)이 되지 않는다.

2) 축토(丑土)의 암장(暗藏)

축(丑)은 초기(初氣)는 계(癸)가 9일 3분이고, 중기(中氣)는 신

(辛)이 3일 1분이고, 정기(正氣)는 기(己)가 18일 6분이다. 축(丑)은 신금(辛金)이 조금 있고 축토(丑土)가 계수(癸水)에 섞여 마치 못 자리 흙과 같은 진흙이다. 따라서 축토(丑土)로는 담장이나 벽을 쌓지 못한다.

3) 인목(寅木)의 암장(暗藏)

인(寅)은 초기(初氣)는 무(戊)가 7일 2분이고, 중기(中氣)는 병(丙)이 7일 2분이고, 정기(正氣)는 갑(甲)이 16일 5분이다. 인(寅)은 중기(中氣)에 병화(丙火)가 들어 화기(火氣)가 많고, 무토(戊土)가 들어 토(土)운도 작용한다. 따라서 화기(火氣)가 있으면 목생화(木生火)가 빨리 이루어진다.

4) 묘목(卯木)의 암장(暗藏)

묘(卯)는 초기(初氣)에 갑(甲)이 10일 3분이고, 중기(中氣)는 없고, 정기(正氣)는 을(乙)이 20일 6분이다. 묘(卯)는 중기(中氣)는 없고, 초기(初氣)와 정기(正氣)가 모두 갑을목(甲乙木)이니 묘(卯)는 순수한 목(木)이다. 다른 오행이 전혀 섞여 있지 않아 강한 목기(木氣)를 나타낸다. 따라서 좀처럼 다른 기운의 영향을 받지 않는다.

5) 진토(辰土)의 암장(暗藏)

진(辰)은 초기(初氣)는 을(乙)이 9일 3분이고, 중기(中氣)는 계(癸)가 3일 1분이고, 정기(正氣)는 무(戊)가 18일 6분이다. 따라서 진토(辰土)는 계수(癸水)가 들어 수분이 적당하니 나무가 자라기에는 제일 좋은 흙이라 옥토(沃土)라고 한다. 사주에 진토(辰土)가 있으면 남녀 모두 호색적이며 성욕이 강하다.

6) 사화(巳火)의 암장(暗藏)

사(巳)는 초기(初氣)는 무(戊)가 5일 2분이고, 중기(中氣)는 경(庚)이 9일 2분이고, 정기(正氣)는 병(丙)이 16일 5분이다. 사(巳)는 중기(中氣)에 경금(庚金)이 들고, 초기(初氣)에 무토(戊土)가 들어 완전한 화(火)가 아니다. 따라서 옆에 유(酉)나 축(丑)이 있으면 사유축합(巳酉丑合)하여 변한다.

7) 오화(午火)의 암장(暗藏)

오(午)는 초기(初氣)는 병(丙)이 10일 3분이고, 중기(中氣)는 기(己)가 10일 1분이고, 정기(正氣)는 정(丁)이 10일 3분이다. 중기(中氣)에 기토(己土)가 조금 들어 있으니 대개 강한 화(火)이니 완전한 화(火)에 해당한다. 지지(地支) 중에서 화기(火氣)가 가장 많은 오행이다. 좀처럼 자신의 기운이 다른 것으로 변하지 않는다.

8) 미토(未土)의 암장(暗藏)

미(未)는 초기(初氣)는 정(丁)이 9일 3분이고, 중기(中氣)는 을(乙)이 3일 2분이고, 정기(正氣)는 기(己)가 18일 6분이다. 미토(未土)는 화기(火氣)가 강하니 흙이지만 너무 건조하니 사마이라고

하여 생물이 살기에는 너무 열기가 많다. 만일 해자축(亥子丑)을 만나지 못하면 고갈된다.

9) 신금(申金)의 암장(暗藏)

신(申)은 초기(初氣)는 기(己)가 7일 2분이고, 중기(中氣)는 무(戊)가 3일 10분, 임(壬)이 3일 10분이고, 정기(正氣)는 경(庚)이 16일 5분이다. 중기(中氣)에 임수(壬水)가 들어 금생수(金生水)한다. 강한 금기(金氣)를 자랑하나 성급하며 단순한 결점이 많다. 인목(寅木)을 만나면 인신상충(寅申相沖)하여 대형사고가 생긴다.

10) 유금(酉金)의 암장(暗藏)

유(酉)는 초기(初氣)는 경(庚)이 10일 3분이고, 중기(中氣)는 없고, 정기(正氣)는 신(辛)이 20일 6분이다. 유(酉)는 중기(中氣)는 없고 초기(初氣)와 정기(正氣)가 모두 경신금(庚辛金)이니 순수한 금(金)이다. 따라서 가장 강한 금기(金氣)를 지닌 지지(地支)다. 묘목(卯木)을 만나면 묘유상충(卯酉相沖)이 되어 대형사고가 발생한다.

11) 술토(戌土)의 암장(暗藏)

술(戌)은 초기(初氣)는 신(辛)이 9일 3분이고, 중기(中氣)는 정(丁)이 3일 1분이고, 정기(正氣)는 무(戊)가 18일 6분이다. 술(戌)은 담장이나 성벽을 쌓기에 가장 좋은 흙이다. 흙이지만 돌같이 강하니 토(土) 중에서 가장 강한 토(土)다. 술(戌)은 일편단심이며 일

방통행하는 기질이 있으며 주인에게 충성을 다한다.

12) 해수(亥水)의 암장(暗藏)

해(亥)는 초기(初氣)는 무(戊)가 9일 2분이고, 중기(中氣)는 갑(甲)이 7일 2분이고, 정기(正氣)는 임(壬)이 16일 5분이다. 해수(亥水)는 많은 물 가운데 갑목(甲木)이 들어 수생목(水生木)을 잘하여 나무를 잘 자라게 한다. 초기(初氣)에 무토(戊土)가 들어 때로는 토기(土氣)를 나타내기도 한다.

지지장간조견표(地支藏干早見表)

地支	初氣	中氣	正氣
子	壬 10일 3분	0	癸 20일 3분
丑	癸 9일 3분	辛 3일 1분	己 18일 6분
寅	戊 7일 2분	丙 7일 2분	甲 16일 5분
卯	甲 10일 3분	0	乙 20일 6분
辰	乙 9일 3분	癸 3일 1분	戊 18일 6분
巳	戊 5일 2분	庚 9일 2분	丙 16일 5분
午	丙 10일 3분	己 10일 1분	丁 10일 3분
未	丁 9일 3분	乙 3일 2분	己 18일 6분
申	己 7일 2분	戊 3일 10분 壬 3일 10분	庚 16일 5분
酉	庚 10일 3분	0	辛 20일 6분
戌	辛 9일 3분	丁 3일 1분	戊 18일 6분
亥	戊 9일 2분	甲 7일 2분	壬 16일 5분

9장. 용신(用神)과 격국(格局)

   운명을 감정할 때 핵심은 오행의 조화여부를 보는 것이다. 앞에서 설명한 모든 신살(神殺)이나 십이운성(十二運星)이나 합(合)이나 육신(六神)에 의한 감정도 궁극적으로는 오행의 조화여부를 신살(神殺)과 육신(六神)의 이름을 빌려 설명한 것이다. 오행의 조화는 모든 오행이 골고루 들어 균형을 이루는 것을 말한다. 어느 오행이 지나치게 많은 것을 태과(太過)라 하고, 어느 오행이 절대적으로 부족한 것은 불급(不及)이라 한다. 그리고 오행의 조화를 사주의 중심이 되는 일간(日干), 즉 일주(日主)를 중심으로 판단하는 것이다. 따라서 일주(日主)의 강약을 먼저 살펴야 한다.

1. 신강(身强)과 신약(身弱)

일주(日主)가 강한 것을 신강(身强)이라 하며, 파재(破財)나 손처(損妻) 등이 따른다. 그리고 일주(日主)가 약한 것을 신약(身弱)이라 하며, 병고나 빈천 등이 따른다. 신강(身强)과 신약(身弱)의 구분은 애매한데 구분하는 방법은 대개 아래와 같다. 그리고 지지(地支)는 천간(天干)보다 작용이 3배 정도 강하다. 강약은 아래의 3가지 기준으로 판단할 수 있다. 신강(身强) 사주는 억제하는 재관(財官)을 용신(用神)으로 삼고, 재관(財官)이 불리하면 식상(食傷)으로 설기(泄氣)한다. 그리고 신약(身弱) 사주는 일주(日主)의 기운을 도와주는 인성(印星)이나 비겁(比劫)을 용신(用神)으로 삼는다.

① 출생월이 일간(日干)을 생조하면 신강(身强) 사주가 되고, 일간(日干)을 파극(破剋)하면 신약(身弱) 사주가 된다. 출생월은 사주팔자에서 가장 강하게 작용한다.

② 오행이 일간(日干)을 많이 생조하면 신강(身强) 사주가 되고, 극해(剋害)가 많으면 신약(身弱) 사주가 된다. 일간(日干)을 생조하는 육신(六神)은 비견(比肩)·겁재(劫財)·편인(偏印)·인수(印綬)를 말한다. 그리고 일간(日干)을 극해하는 오행은 재성(財星)과 관성(官星)이고, 식상(食傷)도 설기(泄氣)한다.

③ 일주(日主)의 지지(地支)에 장생(長生)·건록(建祿)·제왕(帝旺) 등이 있으면 신강(身强) 사주가 되고, 병(病)·사(死)·절

(絶) 등이 있으면 신약(身弱) 사주가 된다.


```
년 월 일 시
壬 丙 甲 乙        丁戊己庚辛壬癸
申 午 戌 亥        未申酉戌亥子丑
```

갑목일주(甲木日主)가 오(午)월에 태어나 설기(泄氣)가 심하니 신약(身弱)하다. 식상(食傷)이 많아 신약(身弱) 사주가 되었으니 년상(年上)의 편인(偏印)이 용신(用神)인데 년지(年支) 신금(申金)에 통근(通根)하여 강하다. 따라서 조상덕이 많았다. 사주는 용신(用神)이 든 곳에는 길복이 따르고, 기신(忌神)이 든 곳에는 흉화가 따른다. 용신(用神)은 사주에서 가장 중요한 역할을 하므로 간명할 때 용신(用神)만 정확하게 찾으면 족집게 도사가 될 수 있다.


```
년 월 일 시
壬 丙 甲 乙        丁戊己庚辛壬癸
子 午 子 亥        未申酉戌亥子丑
```

갑목일주(甲木日主)가 오(午)월에 태어나 실령(失令)했으나, 인성(印星)과 비겁(比劫)이 많아 신강(身强) 사주가 되었다. 인성(印星)이 많아 신강(身强)해졌으니 재극인(財剋印)해야 중화되니 재성(財星)이 용신(用神)이나 재성(財星)이 없다. 따라서 식상(食傷)

으로 용신(用神)을 삼아야 하니 월상(月上) 병화(丙火)가 식신(食神)이며 용신(用神)이다. 월주(月柱)에 용신(用神)이 들어 부모덕이 많았고 많은 재산을 물려받았다.

```
년 월 일 시
戊 癸 甲 戊        甲乙丙丁戊己庚辛
戊 亥 戊 辰        子丑寅卯辰巳午未
```

본명은 신강(身强)인지 신약(身弱)인지를 구분하기가 애매하다. 갑목일주(甲木日主)가 해(亥)월에 태어나 득령(得令)했으나, 사주에 토기(土氣)가 많으니 신약(身弱)이다. 용신(用神)은 월상(月上)의 계수(癸水)이고, 금(金)은 희신(喜神)이다. 따라서 재물복이 많았고 아내복도 많았다. 다만 식상(食傷)이 일점도 없는 것이 결점이다. 재성(財星)이 많은데 신약(身弱)하면 재다신약(財多身弱)이라 하는데 이런 사주는 공처가가 되며 여난이나 재난이 많다. 앞에서 득령(得令)이라는 말이 나왔는데 월지(月支)가 인성(印星)과 비겁(比劫)에 해당하여 일간(日干)을 생조하는 것을 말한다. 그리고 실령(失令)은 월지(月支)에 재성(財星)이나 관성(官星)이 들어 일주(日主)의 기운을 파극(破剋)하는 것을 말한다.

년 월 일 시

甲 己 壬 己　　　　庚辛壬癸甲乙丙丁

子 巳 申 酉　　　　午未申酉戌亥子丑

임수일주(壬水日主)가 사(巳)월에 태어나 실령(失令)했으나, 년지
(年支)에 자수(子水)가 들고 시지(時支)에 유금(酉金)이 들어 생조
한다. 또 신유(申酉)가 방합(方合)하여 금기(金氣)를 더 강하게 만
드니 신약(身弱)이 신강(身强) 사주로 변하였다. 따라서 목화(木
火)운이 길하고 금수(金水)운은 흉하다. 이처럼 신강(身强)과 신약
(身弱)을 구분하기 애매한 사주를 종종 만난다. 본명의 용신(用神)
은 년상(年上) 갑목(甲木)이고, 희신(喜神)은 월지(月支) 사화(巳
火)다. 즉 목화(木火)운은 길하고 금수(金水)운은 흉하다.

년 월 일 시

乙 庚 戊 癸　　　　己戊丁丙乙甲癸壬

巳 辰 申 亥　　　　卯寅丑子亥戌酉申

무토일주(戊土日主)가 진(辰)월에 태어나 득령(得令)하였고, 년지
(年支)에 사화(巳火)가 들어 생조하니 신강(身强) 사주가 되었다.
용신(用神)은 시상(時上) 계수(癸水)인데 시지(時支) 해수(亥水)와
신금(申金)이 생조하여 강하다. 따라서 큰 부자가 되었다. 시주(時
柱)에 용신(用神)이 들어 말년에 부귀영화를 누리며 평안하였고,

자녀들이 총명하며 효심이 깊었다. 또 일지(日支) 신금(申金)이 희신(喜神)에 해당하니 아내복도 많아 현모양처를 만났다. 실로 오복을 갖춘 좋은 사주다. 희신(喜神)은 용신(用神)을 돕는 길신이다.

```
년  월  일  시
辛  庚  乙  己        己戊丁丙乙甲癸
酉  寅  亥  卯        丑子亥戌酉申未
```

을목일주(乙木日主)가 인(寅)월에 태어나 득령(得令)하여 신강(身強) 사주가 되었다. 조후(調候)하려면 화기(火氣)가 필요하나 없으니 금(金)이 용신(用神)이다. 년주(年柱)와 월상(月上)에 용신(用神)이 들어 조상덕과 부모덕이 많아 초년에는 호의호식하며 자랐다. 그러나 일지(日支) 해수(亥水)가 기신(忌神)에 해당하니 아내복이 없어 부부갈등이 많았고, 결혼한 후부터 만사가 불통이었다.

```
년  월  일  시
辛  丁  甲  丁        戊己庚辛壬癸甲乙
亥  酉  寅  卯        戌亥子丑寅卯辰巳
```

갑목일주(甲木日主)가 유(酉)월에 태어나 실령(失令)했으나 목기(木氣)가 강하여 신강(身強) 사주가 되었다. 목(木)이 많아 신강(身強)해졌으니 금극목(金剋木)하여 금(金)을 취용해야 중화된다.

따라서 년상(年上) 신금(辛金)이 용신(用神), 토(土)는 희신(喜神), 목(木)은 기신(忌神), 수(水)는 기신(忌神)이다. 이처럼 간명할 때 는 용신(用神)·희신(喜神)·기신(忌神)·구신(仇神)·한신(閑神) 을 분명하게 정해야 정확하게 판단할 수 있다. 기신(忌神)은 용신(用神)과 반대로 가장 흉한 작용을 하는 오행이고, 구신(仇神)은 기신(忌神)을 도와주는 오행이고, 한신(閑神)은 길작용도 흉작용도 하지 않는 오행을 말한다.

년 월 일 시

癸 丙 癸 戊   乙甲癸壬辛庚己戊

酉 辰 亥 午   卯寅丑子亥戌酉申

본명은 금수(金水) 기운과 화토(火土) 기운이 비슷하여 강약을 구 분하기 어렵지만 월시(月支)가 신(辰)이라 신약(身弱)으로 본다. 년상(年上) 계수(癸水)가 용신(用神)인데 년지(年支)에 유금(酉金) 이 통근(通根)하여 강하다. 따라서 재물복도 많았고 아내복도 많았 다. 년주(年柱)에 용신(用神)이 들어 조상덕도 많았고, 일지(日支) 에 해수(亥水)가 들어 아내복도 많았다. 그리고 신강(身强)한데 재 성(財星)도 왕성하여 재물을 산처럼 쌓아놓고 살았다.

2. 용신(用神)과 격국(格局)

용신(用神)은 사주에서 음양과 오행의 조화를 위해 필요한 육신(六神)이다. 즉 일주(日主)의 오행이 태과하여 신강(身强)하면 억제하거나 설기(洩氣)시키는 것이 용신(用神)이고, 일주(日主)의 오행이 불급하여 신약(身弱)하면 부조(扶助)하는 것이 용신(用神)이다. 이 용신(用神)의 강약에 따라 그 사람의 능력을 판단하고, 용신(用神)의 위치에 따라 누구와 인연이 좋은가를 알 수 있고, 용신(用神)이 어떤 육신(六神)에 해당하느냐에 따라 그 사람의 그릇을 알 수 있다. 이러한 용신(用神)을 선택하는 방법은 몇 가지가 있는데 가장 많이 쓰는 것이 억부법(抑扶法)과 병약법(病藥法)과 조후법(調候法)이다. 그리고 외격(外格)에 속하는 전왕법(專旺法)인 종격(從格)이 있고, 간혹 통관법(通關法)도 쓴다.

1. 억부법(抑扶法)

일간(日干)을 생조하는 육신(六神)이 많으면 신강(身强) 사주가 되고, 일주(日主)를 극설(剋洩)하는 오행이 용신(用神)이다. 반대로 일간(日干)을 극설(剋洩)하는 육신(六神)이 많으면 신약(身弱) 사주가 되는데 이때는 일간(日干)을 생조하는 육신(六神)이 용신(用神)이다. 이 억부법(抑扶法)을 가장 많이 쓴다.

년 월 일 시

壬 丙 乙 丁　　　丁戊己庚辛壬癸

申 午 巳 亥　　　未申酉戌亥子丑

을목일주(乙木日主)가 오(午)월에 태어나 설기(泄氣)하니 신약(身弱) 사주가 되었다. 월간(月干)에 병화(丙火)가 투출(透出)하고, 일지(日支)에 사화(巳火)가 들었으니 화기(火氣)가 왕강하다. 을목(乙木)은 화초인데 물을 빨리 공급받지 못하면 말라죽는다. 그러나 다행히 년간(年干)에 임수(壬水)와 시지(時支)에 해수(亥水)가 들었다. 용신(用神) 임수(壬水)는 신금(申金)의 부조(扶助)로 강하다. 천간(天干)에 나타난 오행을 투출(透出)했다고 한다.

2. 병약법(病藥法)

억부법(抑扶法)과 비슷한데 사주에 병(病)이 있으면 약(藥)이 있는 육신(六神)을 용신(用神)으로 삼아야 한다.

년 월 일 시

戊 癸 丙 己　　　甲乙丙丁戊己庚

子 亥 午 丑　　　子丑寅卯辰巳午

병화일주(丙火日主)가 해(亥)월에 태어나 실령(失令)하여 신약(身弱) 사주가 되었다. 지지(地支)에서는 해자축(亥子丑)이 방합(方

合)을 이루어 수기(水氣)는 대단하니 수기(水氣)가 병이다. 사주가 마치 꽁꽁 얼어붙은 형상이다. 수(水)가 병이라 당장 화(火)가 필요하니 병화(丙火)가 용신(用神)이다. 이론으로는 억부법(抑扶法)이니 병약법(病藥法)이니 조후법(調候法)이니 하며 구분하지만 풀어보면 거의 비슷하다.

3. 조후법(調候法)

사주에 열조한 오행이 많으면 한습한 오행이 용신(用神)이고, 한습한 오행이 많으면 열조한 오행이 용신(用神)이다.

— 열조(熱燥)한 천간(天干) : 갑을병정무(甲乙丙丁戊)
— 한습(寒濕)한 천간(天干) : 경신임계기(庚辛壬癸己)

년	월	일	시							
戊	丁	丙	壬	己	庚	辛	壬	癸	甲	乙
午	巳	申	辰	午	未	申	酉	戌	亥	子

병화일주(丙火日主)가 사(巳)월에 태어나 득령(得令)하여 신강(身强) 사주가 되었는데 월간(月干)에 정화(丁火)와 년지(年支)에 오화(午火)가 들어 화기(火氣)가 태왕하다. 열조한 기운이 많으니 한습한 수기(水氣)가 필요하다. 따라서 시상(時上) 임수(壬水)가 용신(用神)이다.

4. 전왕법(專旺法)

사주가 1~2가지 오행으로 이루어져 있으면 종격(從格)으로 본다.

```
년 월 일 시
戊 庚 戊 庚        辛壬癸甲乙丙丁戊
申 申 申 申        酉戌亥子丑寅卯辰
```

본명은 대부분 신금(申金)으로 구성되어 토금(土金)이 사주를 장악하고 있으니 다른 오행이 나설 수가 없다. 즉 종강격(從强格)이 된 것이다. 대운도 토금(土金)운이 길한데 신유(申酉) 대운은 용신(用神)운이라 벼슬이 총병(總兵)에 올랐다. 그러나 갑(甲) 대운에 갑경(甲庚)이 상충(相沖)하여 기신(忌神)운이 되어 전쟁터에서 전사하였다.

5. 통관법(通關法)

두 오행의 강약이 비슷할 때 상생시키는 것이 용신(用神)이다.

```
년 월 일 시
壬 壬 甲 丙        癸甲乙丙丁戊己庚
午 子 午 寅        丑寅卯辰巳午未申
```

본명은 수기(水氣)와 화기(火氣)가 한 치도 양보하지 않고 대치하고 있다. 월상(月上)의 임수(壬水)는 자(子)월에 태어나 수기(水氣)가 막강하고, 시상(時上)의 병화(丙火)는 오화(午火)와 인목(寅木)에 통근(通根)하여 강하다. 즉 수기(水氣)와 화기(火氣) 어느 것도 무시할 수가 없다. 이때는 일주(日柱)인 갑목(甲木)이 두 오행을 유통시키니 갑목(甲木)이 용신(用神)이다. 수생목(水生木) 목생화(木生火)하여 유통이 잘 되어 길하다.

6. 격국(格局)

① 월지(月支)의 정기(正氣)가 천간(天干)에 투출(透出)하면 그것이 표시하는 육신(六神)에 의한다.

② 월지(月支)의 정기(正氣)가 투간(透干)하지 않았으면 중기(中氣)나 여기(餘氣)로 그 이름을 정한다.

③ 월지(月支)의 암장(暗藏)에서 투간(透干)이 없으면 정기(正氣)로 그 이름을 정한다.

```
년 월 일 시
甲 丙 壬 己          丁戊己庚辛壬癸甲
午 寅 戌 酉          卯辰巳午未申酉戌
```

본명은 인(寅)월의 정기(正氣)가 갑목(甲木)인데 년상(年上)에 갑목(甲木)이 투간(透干)하여 식신(食神)이니 식신격(食神格)이 되었다. 따라서 격(格)은 사주를 분류하는데 필요한 것에 불과하다. 본명은 인오술(寅午戌)이 삼합(三合)하여 화국(火局)을 이루어 화기(火氣)가 태왕하다. 따라서 화기(火氣)를 억제해야 중화되므로 일간(日干) 임수(壬水)가 용신(用神)이니 임수(壬水)는 일간(日干)이면서 용신(用神)이다. 그리고 시지(時支) 유금(酉金)은 희신(喜神)이다. 이 사주는 시지(時支)에 유금(酉金)이 없었으면 종재격(從財格)이 되었을 것이다.

```
년  월  일  시
庚  己  壬  己        戊丁丙乙甲癸壬辛
戌  卯  午  酉        寅丑子亥戌酉申未
```

묘(卯)월의 암장(暗藏)은 갑(甲)과 을(乙)인데 투간(透干)한 것이 없으니 묘목(卯木)의 정기(正氣) 을목(乙木)을 따라 상관격(傷官格)이 되어 년상(年上) 경금(庚金)이 용신(用神)이다. 용신(用神)은 천간(天干)에 부출(透出)하고, 용신(用神)의 뿌리가 지지(地支)에 통근(通根)해야 한다. 천간(天干)은 나무와 같고 지지(地支)는 뿌리와 같기 때문에 좋은 나무가 되려면 뿌리가 튼튼해야 한다. 마찬가지로 길복이 많으려면 용신(用神)이 튼튼해야 한다. 즉 용신(用神)이 얼마나 강한가에 따라 그 사람의 그릇이 결정된다.

3. 관살(官殺)

편관(偏官)과 정관(正官)을 합하여 관성(官星) 또는 관살(官殺)이라 한다.

1) 비겁(比劫)이 많아 신강(身强)하면 관살(官殺)이 용신(用神)이다.

```
년  월  일  시
壬  壬  壬  戊      癸甲乙丙丁戊己庚
午  子  辰  申      丑寅卯辰巳午未申
```

본명은 비겁(比劫)이 태왕하다. 신자진(申子辰)이 삼합(三合)하여 수국(水局)을 이루어 홍수가 난 형상이다. 따라서 제방해야 하니 시상(時上)의 무토(戊土) 편관(偏官)이 용신(用神)이다. 그리고 조후(調候)하려면 오화(午火)가 길하다. 즉 화토(火土)운은 길하고 금수(金水)운은 흉하다. 무토(戊土) 용신(用神)과 오화(午火) 희신(喜神)이 너무 멀리 떨어져 있어 무정한 사주가 되었다.

2) 인성(印星)이 많아 신강(身强)하면 관살(官殺)은 기신(忌神)이다.

```
년  월  일  시
庚  甲  壬  庚      癸壬辛庚己戊丁丙
戌  申  寅  子      未午巳辰卯寅丑子
```

본명은 인성(印星)이 많은데 신강(身强)하다. 년지(年支) 술토(戌土)는 편관(偏官)인데 토생금(土生金)하여 왕성한 인성(印星)을 생조하니 더 신강(身强)하게 만들어 관살(官殺)운이 오히려 대흉하다. 용신(用神)은 갑인목(甲寅木)인데 갑경상충(甲庚相沖) 인신상충(寅申相沖)하여 용신(用神)이 부실해져 사주가 흉하다.

3) 신강(身强)한데 재관식(財官食)이 모두 강하면 큰 인물이 된다.

```
년  월  일  시
甲  壬  戊  己          癸甲乙丙丁戊己庚
辰  申  午  未          酉戌亥子丑寅卯辰
```

본명은 무토일주(戊土日主)가 일지(日支)에 오화(午火)가 들고, 기미(己未)시에 태어나 신강(身强)하다. 월상(月上)의 임수(壬水) 편재(偏財)는 신금(申金)에 통근(通根)하여 강하고, 년상(年上)의 갑목(甲木) 편관(偏官)도 임수(壬水)가 생조하여 강하고, 월지(月支)의 식신(食神)도 강하니 좋은 사주가 되었다. 신강(身强)한데 재관식(財官食)이 모두 강하면 큰 인물이 된다.

4) 신약(身弱)한데 재관식(財官食)이 모두 강하면 매우 가난하거
   나 요절한다.

   년 월 일 시
   甲 壬 戊 壬　　　　　　癸甲乙丙丁戊己庚
   戌 申 子 子　　　　　　酉戌亥子丑寅卯辰

   본명은 신약(身弱)한데 재관식(財官食)이 강하다. 임수(壬水) 편
재(偏財)는 지지(地支)의 신금(申金)과 자수(子水)의 도움으로 강
하고, 년상(年上) 갑목(甲木)도 임자수(壬子水)의 도움으로 강하니
일주(日柱)를 파극(破剋)하고, 월지(月支) 신금(申金)은 월지(月
支)이니 강하여 허약한 일주(日主)를 설기(泄氣)시킨다. 따라서 파
극(破剋)과 설기(泄氣)를 교대로 가하는 극누교가(剋漏交加)가 되
어 매우 가난하게 살다가 20세의 젊은 나이에 죽었다.

5) 재자약살격(財滋弱殺格)

   년 월 일 시
   己 丙 庚 乙　　　　　　丁戊己庚辛壬癸甲
   酉 寅 申 酉　　　　　　卯辰巳午未申酉戌

   경금일주(庚金日主)가 인(寅)월에 태어나 실령(失令)했으나, 년지
(年支)에 유금(酉金)이 들고 일지(日支)와 시지(時支)에 신유금(申

酉金)이 들어 신강(身强)하다. 관살(官殺)이 약할 때는 재성(財星)으로 생조하면 좋아지는데 월지(月支) 묘목(卯木)이 목생화(木生火)하여 관살(官殺)을 생조하니 길한 사주가 되었다.

6) 살중용인격(殺重用印格)

년	월	일	시								
戊	己	壬	庚	庚	辛	壬	癸	甲	乙	丙	丁
辰	未	申	戌	申	酉	戌	亥	子	丑	寅	卯

관살(官殺)이 태왕하면 인수(印綬)가 용신(用神)이다. 임수일주(壬水日主)가 미(未)월에 태어나 신약(身弱)한데 토기(土氣)가 너무 많다. 그러나 일지(日支) 신금(申金)이 관인상생(官印相生)을 시켜 길해졌다. 일지(日支) 신금(申金)은 용신(用神)에 해당하니 아내복이 많아 정의감이 강한 현모양처를 만났다. 어떤 사주든 일지(日支)가 길하면 부부운이 좋다.

7) 식상제살격(食傷制殺格)

년	월	일	시								
甲	甲	壬	庚	乙	丙	丁	戊	己	庚	辛	壬
戌	戌	辰	子	亥	子	丑	寅	卯	辰	巳	午

사주가 신약(身弱)하지 않고 관살(官殺)이 왕성하면 식상(食傷)으로 관살(官殺)을 억제해야 좋다. 임수일주(壬水日主)가 경자(庚子)시에 태어나 약하지 않고, 년월일지(年月日支)에 토기(土氣)가 강하다. 그러나 년월(年月)의 갑목(甲木) 식신(食神)이 관살(官殺)을 억제하니 길하여 지현(知縣) 벼슬에 올랐다. 년월(年月)에 투출(透出)한 갑목(甲木)이 용신(用神)이니 명예운과 관운이 좋았고, 충성심이 강한 부하를 많이 두었다.

8) 제살태과격(制殺太過格)

년	월	일	시								
辛	戊	丙	己		己	庚	辛	壬	癸	甲	乙	丙
卯	戌	辰	亥		亥	子	丑	寅	卯	辰	巳	午

식상(食傷)이 관살(官殺)을 지나치게 억제하면 인수(印綬)운을 만나야 좋아진다. 본명은 식상(食傷)이 너무 많아 시지(時支) 관살(官殺)이 힘을 쓰지 못한다. 그러나 다행히 년지(年支)의 인수(印綬) 묘목(卯木)이 목극토(木剋土)로 식상(食傷)을 억제하고, 목생화(木生火)로 일주(日主)를 생조하니 큰 흉은 면하였다. 년지(年支) 묘목(卯木)은 용신(用神)이니 조상궁이 길하여 조부 때는 근동에서 알아주는 갑부였다. 그러나 부모가 주색잡기로 모두 탕진하였다.

9) 관살혼잡격(官殺混雜格)

```
년 월 일 시
癸 癸 丙 壬        甲乙丙丁戊己庚辛
卯 亥 子 辰        子丑寅卯辰巳午未
```

본명은 정관(正官)과 편관(偏官)이 혼잡되어 매우 불길하다. 이런 사주는 합관유살(合官留殺)하거나 합살유관(合殺留官)해야 흉이 줄어든다. 합관유살(合官留殺)이란 정관(正官)을 합으로 묶어버려 편관(偏官)을 머물게 하는 것이고, 합살유관(合殺留官)이란 편관(偏官)을 합으로 묶어버려 정관(正官)을 머물게 하는 것을 말한다. 이처럼 관살(官殺)이 혼잡하면 대흉한데 합관유살(合官留殺)이나 합살유관(合殺留官)해야 흉이 조금이라도 줄어든다.

4. 재성(財星)

1) 신강(身强)한데 관살(官殺)이 약하면 재성(財星)으로 재생관(財生官)해야 길하다.

```
년 월 일 시
乙 壬 戊 庚        癸甲乙丙丁戊己庚
亥 午 辰 申        未申酉戌亥子丑寅
```

무토일주(戊土日主)가 오(午)월에 태어나 신강(身强)하다. 년상(年上)의 을목(乙木) 정관(正官)을 임수(壬水) 재성(財星)이 재생관(財生官)하니 길복이 많아졌다. 월상(月上) 임수(壬水)가 길작용을 하니 재물복이 많았으나 일지(日支) 진토(辰土)는 60%는 흉작용을 하고 40%는 길작용을 하니 남편과는 대립이 많았다. 신강(身强)한데 재물복이 많으니 남자 못지않게 사업을 잘하여 수천 석을 지니고 살았다.

2) 신강(身强)한데 식왕(食旺)하면 다시 재성(財星)을 만나야 생생불식(生生不息)하여 길하다.

년	월	일	시								
甲	庚	戊	丙		辛	壬	癸	甲	乙	丙	丁	戊
子	午	申	辰		未	申	酉	戌	亥	子	丑	寅

무토일주(戊土日主)가 오(午)월에 태어나 신강(身强)한데 월상(月上)의 경금(庚金) 식상(食傷)도 강하다. 다시 년지(年支)에서 자수(子水)를 만나 생생불식(生生不息)하여 길복이 많아졌고, 신강(身强)하고 재성(財星)이 강하니 부자사주다. 그러나 무토일주(戊土日主)는 태과하여 성격이 불같이 날카로워 혈기를 부리면 무섭다. 대운이 금수(金水)운으로 흐르니 만사가 형통하였다.

3) 인성(印星)이 많아 신강(身强)하면 재성(財星)이 용신(用神)이다.

```
년  월  일  시
丙  庚  壬  辛        辛壬癸甲乙丙丁戊
申  寅  申  亥        卯辰巳午未申酉戌
```

본명은 인성(印星)이 많은 신강(身强) 사주다. 용신(用神)은 년상 (年上)의 재성(財星) 병화(丙火)인데 월지(月支) 인목(寅木)에 통 근(通根)하여 강하다. 즉 목화(木火)운은 길하고 금수(金水)운을 흉하다. 병화(丙火)가 투출(透出)했으니 재물복이 많았으나, 인신 (寅申)이 상충(相冲)하여 허리에 질병이 있었고 교통사고를 여러 번 당하였다. 사주에 금(金)이 태과하여 기신(忌神)이 되면 항상 철이나 칼이나 자동차 등을 조심해야 한다.

4) 재다신약(財多身弱)하면 비겁(比劫)을 만나야 길하다.

```
년  월  일  시
乙  壬  壬  丙        癸甲乙丙丁戊己庚
酉  午  午  午        未申酉戌亥子丑寅
```

본명은 재성(財星)이 많은 신약(身弱) 사주이니 비겁(比劫)이 용 신(用神)이다. 강한 불길을 잡으려면 가장 먼저 물이 필요하다. 시상(時上)에 병화(丙火)가 투출(透出)하고, 월일시지(月日時支)에 오화(午火)가 들었으니 화기(火氣)가 태왕하다. 그러나 다행히 월상(月上)에 임수(壬水)가 들어 수극화(水剋火)하니 사주가 다소 안정되었다. 임수(壬水) 용신(用神)은 년지(年支)의 유금(酉金)에 금생수(金生水)로 통근(通根)되니 마르지는 않는다. 비겁(比劫)이 용신(用神)이면 형제나 친구와의 인연이 좋다.

5) 신약(身弱)한데 재관식(財官食)이 강하면 흉하다.

년	월	일	시							
戊	丙	丁	庚	丁	戊	己	庚	辛	壬	癸	甲
申	辰	亥	子	巳	午	未	申	酉	戌	亥	子

정화일주(丁火日主)가 진(辰)월에 태어나 허약한데 해자(亥子) 관살(官殺)과 경신(庚申) 재성(財星)과 무진(戊辰) 식상(食傷)이 강하니 매우 가난하게 살았다. 목화(木火)운은 길하고 토금수(土金水)운은 모두 흉하다. 초년은 화(火)운이라 부모덕으로 호의호식하며 유산을 상속받았으나, 사업실패로 전 재산을 탕진하는 등 유산을 지키지 못하였다.

5. 인성(印星)

1) 식상(食傷)이 많아 신약(身弱)하면 인성(印星)이 용신(用神)이다.

```
년 월 일 시
戊 甲 壬 庚        乙丙丁戊己庚辛壬
寅 寅 寅 子        卯辰巳午未申酉戌
```

임수일주(壬水日主)가 인(寅)월에 태어났으니 식상(食傷)이 너무 많 아 신약(身弱) 사주가 되었다. 따라서 시상(時上)의 경금(庚金) 이 용신(用神)인데 경금(庚金)은 금극목(金剋木)하여 목기(木氣)를 억제하고, 금생수(金生水)하여 신약(身弱)한 임수일주(壬水日主)를 생조하니 길하다. 시상(時上)에 용신(用神)이 들어 자식복은 있었 으나, 경금(庚金) 용신(用神)이 지지(地支)에 통근(通根)되지 않아 미약하므로 평민에 불과하였다. 그리고 식상(食傷)이 태과하면 지 갑에 구멍이 난 것처럼 재물이 모이지 않는다.

2) 관살(官殺)이 많아 신약(身弱)하면 인성(印星)이 용신(用神)이다.

```
년 월 일 시
癸 甲 丙 辛        乙丙丁戊己庚辛壬
亥 子 子 卯        丑寅卯辰巳午未申
```

본명은 수(水) 기운이 너무 많으니 홍수가 난 형상이다. 병화일주(丙火日主)는 신약(身弱)한데 다행히 월상(月上)에 갑목(甲木)이 투간(透干)하여 수생목(水生木) 목생화(木生火)하여 물길을 돌리니 홍이 변하여 좋아졌다. 년상(年上)에 계수(癸水)가 투출(透出)하고, 년월일지(年月日支)에 해자수(亥子水)가 들어 관살(官殺)이 태왕하다. 그런데 월상(月上)에 갑목(甲木)이 투출(透出)하고, 시지(時支)에 묘목(卯木)이 들어 관인상생(官印相生)시키니 홍이 길로 변한 것이다.

3) 신약(身弱)하면 인성(印星)이 용신(用神)이나 희신(喜神)이다.

년	월	일	시								
丙	甲	庚	丁	乙	丙	丁	戊	己	庚	辛	壬
申	午	午	丑	未	申	酉	戌	亥	子	丑	寅

본명은 목기(木氣)와 화기(火氣)가 많아 신약(身弱) 사주가 되었다. 시지(時支) 축토(丑土)는 인수(印綬)인데 용신(用神)에 해당하니 토금(土金)운이 길하다. 신약(身弱) 사주는 인성(印星)과 비겁(比劫)으로 약한 일주(日主)를 생조하는 것이 우선이다. 시지(時支) 축토(丑土)에는 계신기(癸辛己)가 암장(暗藏)되어 계수(癸水)는 화기(火氣)를 억제하고, 신금(辛金)과 기토(己土)는 일주(日主) 경금(庚金)을 생조하니 길하다. 그러나 시지(時支)가 미토(未土)라

면 전혀 달라진다. 미토(未土)에는 정을기(丁乙己)가 암장(暗藏)되어 목화(木火) 기운이 강하니 경금(庚金)을 생조하기에는 미약하고 화기(火氣)에 가깝다. 미토(未土)는 축토(丑土)보다 경금(庚金)을 생조하기에는 역부족하다.

6. 식상(食傷)

1) 식신유기승재관(食神有氣勝財官)

년	월	일	시								
甲	戊	戊	庚		己	庚	辛	壬	癸	甲	乙	丙
子	辰	辰	申		巳	午	未	申	酉	戌	亥	子

본명은 일주(日主)는 강성한데 재관(財官)은 무력하다. 화토(火土)의 기운이 매우 많으나 시주(時柱)에 식신(食神) 경신(庚申)이 들어 설기(泄氣)시키니 사주가 맑아졌다. 식신(食神)이 유기(有氣)하면 재관(財官)을 승(勝)한다고 하였다. 식신(食神)이 길작용을 하면 재성(財星)이나 관성(官星)보다 더 길복을 많이 따른다는 뜻이다. 이 사람은 시주(時柱)에 용신(用神)이 들었으니 말년과 자식복이 많았고, 신자진(申子辰)이 삼합(三合)하여 수국(水局)을 이루니 재물복도 많아 수천 석의 재물을 지니고 살았다.

2) 신강살강(身强殺强)하면 식상(食傷)으로 제살(制殺)해야 길하다.

```
년  월  일  시
壬  甲  戊  辛        乙丙丁戊己庚辛壬
寅  辰  午  酉        巳午未申酉戌亥子
```

무토일주(戊土日主)가 진(辰)월에 태어났고, 일지(日支)에 오화(午火)가 들어 신강(身强)하다. 월상(月上)의 갑목(甲木) 편관(偏官)은 임수(壬水)와 인목(寅木)가 생조하여 강한데 시상(時上)의 신금(辛金) 식상(食傷)이 갑목(甲木)을 억제하여 인간의 오복을 모두 누렸다. 본명처럼 식상(食傷)이 길작용을 하면 길복이 매우 많이 따른다. 용신(用神)은 시상(時上)의 신금(辛金)인데 시지(時支)에 유금(酉金)이 들어 통근(通根)되어 강하다. 어느 글자도 아쉬움이 없을 정도로 완벽하게 짜여진 좋은 팔자다.

3) 화토식상격(火土食傷格)은 관살(官殺)을 만나야 길하다.

```
년  월  일  시
丙  乙  丙  壬        丙丁戊己庚辛壬癸
午  未  子  辰        申酉戌亥子丑寅卯
```

화토식상격(火土食傷格)은 병정화(丙丁火) 일주(日主)가 미술(未

戌)월에 태어난 사주를 말한다. 화토식상격(火土食傷格)은 사주가 열조하므로 수기(水氣), 즉 관살(官殺)운이 들어야 중화를 이루기 때문이다. 시상(時上)에 투출(透出)한 임수(壬水)가 용신(用神)인데 일지(日支) 자수(子水)가 자진합(子辰合)하여 임수(壬水)를 생조하여 강하니 길복이 많은 사주가 되었다. 그리고 일지(日支)에 용신(用神)이 들었으니 아내복과 관운이 좋았다.

4) 금수식상격(金水食傷格)은 관살(官殺)을 만나야 길하다.

```
년  월  일  시
乙  戊  庚  庚          己庚辛壬癸甲乙丙
亥  子  午  辰          丑寅卯辰巳午未申
```

금수식상격(金水食傷格)은 경신금(庚辛金)일생이 해자축(亥子丑)월에 대어난 사주를 말한나. 해자축(亥子丑)월은 차가운 기운이 많으므로 관살(官殺), 즉 병정화(丙丁火)를 만나야 조후(調候)되기 때문이다. 본명은 일지(日支) 오화(午火)가 용신(用神)이다. 년지(年支)에 해수(亥水)와 월지(月支)에 자수(子水)가 들어 수기(水氣)가 태왕하니 제방하려면 월상(月上)의 무토(戊土)가 토극수(土剋水) 토생금(土生金)해야 하고, 조후(調候)하려면 일지(日支) 오화(午火)가 길하다. 그리고 경금(庚金)은 신약(身弱)하니 60%는 길하나 금생수(金生水)히여 40%는 흉하다.

5) 목화식상격(木火食傷格)은 인성(印星)을 만나야 길하다.

```
년 월 일 시
壬 丙 甲 甲        丁戊己庚辛壬癸甲
午 午 戌 子        未申酉戌亥子丑寅
```

목화식상격(木火食傷格)은 갑을(甲乙)일생이 사오미(巳午未)월에 태어나면 해당한다. 이런 사주는 화기(火氣)가 넘치므로 조후(調候)하려면 인성(印星) 수기(水氣)가 필요하다. 월상(月上)에 병화(丙火)가 투출(透出)하고, 년지(年支)와 월지(月支)에 오화(午火)가 들었으니 화기(火氣)가 태왕하다. 따라서 설기(泄氣)가 심하니 년상(年上) 임수(壬水)로 수극화(水剋火) 수생목(水生木)해야 한다. 시지(時支)에 자수(子水)가 들어 통근(通根)이 튼튼하니 좋다.

6) 토금식상격(土金食傷格)은 인성(印星)을 만나야 길하다.

```
년 월 일 시
癸 庚 戊 戊        辛壬癸甲乙丙丁戊
酉 申 寅 午        酉戌亥子丑寅卯辰
```

토금식상격(土金食傷格)은 무기(戊己)일생이 신유(申酉)월에 태어나면 해당한다. 이런 사주는 습기가 많으므로 인성(印星) 화기

(火氣)를 만나야 조후(調候)된다. 식상격(食傷格)은 대개 인성(印星)이 길작용을 한다. 시지(時支) 오화(午火)가 신약(身弱)한 무토일주(戊土日主)를 화생토(火生土)로 생조하고, 화극금(火剋金)으로 왕금(旺金)을 제극(制剋)하여 좋아졌다. 인성(印星)이 용신(用神)이면 대개 학문과 인연이 많고, 부모·상사·선배와 인연이 좋다.

7) 수목식상격(水木食傷格)은 인성(印星)을 만나야 길하다.

```
년  월  일  시
甲  丁  壬  己          戊 己 庚 辛 壬 癸 甲 乙
寅  卯  午  酉          辰 巳 午 未 申 酉 戌 亥
```

수목식상격(水木食傷格)은 임계(壬癸)일생이 인묘(寅卯)월에 태어나면 해당한다. 이런 사주는 설기(泄氣)가 심하니 인성(印星)운을 만나야 좋아진다. 년상(年上)에 갑목(甲木)이 투출(透出)하고, 년지(年支)에 인목(寅木)과 월지(月支)에 묘목(卯木)이 들어 목기(木氣)가 태왕하니 설기(泄氣)가 매우 심하다. 그러나 다행히 시지(時支)에 유금(酉金)이 들어 금생수(金生水)하여 신약(身弱)한 임수일주(壬水日主)를 구제하고, 금극목(金剋木)하여 왕목(旺木)을 제극(制剋)하니 좋아졌다. 따라서 시지(時支) 유금(酉金)이 용신(用神)이고, 시주(時柱)에 용신(用神)이 들었으니 말년운과 자식운이 좋았다.

8) 식상용인격(食傷用印格)

```
년 월 일 시
丁 丙 甲 壬          丁戊己庚辛壬癸甲
巳 午 辰 申          未申酉戌亥子丑寅
```

식상(食傷)이 많아 신약(身弱)해졌으면 인성(印星)운을 만나야 좋은데 이런 사주를 식상용인격(食傷用印格)이라 한다. 본명은 목화 식상격(木火食傷格)이니 왕화(旺火)를 제극(制剋)해야 하므로 시상(時上)의 임수(壬水)가 용신(用神)이다. 임수(壬水) 용신(用神)은 신약(身弱)한 갑목일주(甲木日主)를 수생목(水生木)으로 생조하고, 수극화(水剋火)로 왕화(旺火)를 제극(制剋)하니 사주가 좋아졌다. 년주(年柱)와 월주(月柱)에 기신(忌神)이 들어 결혼 전에는 친정이 너무 가난하여 고생했으나, 결혼한 후에는 남편의 사랑을 받으며 행복하게 살았다.

9) 식상생재격(食傷生財格)

```
년 월 일 시
壬 丙 戊 壬          丁戊己庚辛壬癸甲
午 午 申 子          未申酉戌亥子丑寅
```

사주가 신강(身强)한데 식상(食傷)이 재성(財星)을 생조하면 재물복이 매우 많은데 이런 사주를 식상생재격(食傷生財格)이라 한다. 무토일주(戊土日主)가 오(午)월에 태어나 득령(得令)하여 신강(身强)한데 시주(時柱)에 임자(壬子)가 들어 재성(財星)도 역시 왕하다. 그런데 일지(日支)에 신금(申金)이 들어 토생금(土生金) 금생수(金生水)하니 사주가 유통이 잘되어 아내복과 재물복을 함께 누렸다. 식상생재격(食傷生財格) 사주는 대개 부자가 된다.

10) 식상용식상격(食傷用食傷格)

년 월 일 시
丁 丙 戊 庚   丁戊己庚辛壬癸甲
卯 午 戌 申   未申酉戌亥子丑寅

사주가 인성(印星)과 비겁(比劫)이 중첩되어 태강하면 식상(食傷)으로 설기(泄氣)시켜야 좋아지는데 이런 사주를 식상용식상격(食傷用食傷格)이라 한다. 특히 인성(印星)이 많은 신강(身强) 사주는 관성(官星)을 쓸 수 없다. 왜냐하면 관성(官星)은 인성(印星)을 생조하여 태왕한 인성(印星)을 더 왕하게 만들기 때문이다. 본명은 년지(年支)에 묘목(卯木)이 있지만 취용할 수가 없다. 왜냐하면 목생화(木生火)하여 태왕한 화기(火氣)를 더 왕하게 만들기 때문이다. 따라서 시주(時柱)의 경신금(庚申金)으로 설기(泄氣)시켜야 하니 식상(食傷)이 용신(用神)이다.

7. 비겁(比劫)

1) 재성(財星)이 많아 신약(身弱)하면 비겁(比劫)운을 만나야 길하다.

년	월	일	시								
壬	丙	壬	壬	丁	戊	己	庚	辛	壬	癸	甲
辰	午	午	寅	未	申	酉	戌	亥	子	丑	寅

　사주가 재다신약(財多身弱)하면 비겁(比劫)운을 만나야 좋아진다. 본명은 사주가 약간 불리하나 대운이 금수(金水)운으로 흘러 길복을 누릴 수 있었다. 임수일주(壬水日主)가 오(午)월에 태어났는데 월상(月上)에 병화(丙火)가 투출(透出)하고, 일지(日支)에 오화(午火)가 들고, 시지(時支)에 인목(寅木)이 들었으니 목생화(木生火)하여 화기(火氣)가 태왕하다. 이처럼 재성(財星)이 태왕하면 비겁(比劫)으로 제극(制剋)하는 것이 가장 좋다. 이 사람은 재다신약(財多身弱) 사주이니 평생 재물때문에 문제가 많았고, 일지(日支)가 기신(忌神)에 해당하니 아내복이 없었다.

2) 비겁(比劫)이 태왕한데 또 비겁(比劫)운을 만나면 흉하다.

년	월	일	시								
壬	壬	壬	庚	癸	甲	乙	丙	丁	戊	己	庚
午	子	子	子	丑	寅	卯	辰	巳	午	未	申

이 사주는 평생 결혼하지 못하고 고독하게 살다간 거지의 명조다. 태왕한 비겁(比劫)이 허약한 재성(財星)을 탐하고 있다. 식상(食傷)이 필요한데 없으니 군비쟁재(群比爭財)를 당한 것이다. 마치 밥 한 그릇을 놓고 많은 형제가 서로 먹으려고 다투는 형상이니 거지가 된 것이다. 만일 목(木)이 하나라도 들어 수생목(水生木) 목생화(木生火)했으면 큰 부자가 되었을 것이다.

8. 종격(從格)

종격(從格)은 사주의 전부 또는 대부분이 1~2가지의 육신(六神)으로 구성된 경우를 말한다. 따라서 정격(正格)과는 달리 일주(日主)를 중심으로 신강(身强)과 신약(身弱)을 논하지 않고 육신(六神)의 기세에 따라 종(從)으로 간명한다. 즉 인비(印比)로 종하면 종강격(從强格), 식상(食傷)으로 종하면 종아격(從兒格), 재성(財星)으로 종하면 종재격(從財格), 관살(官殺)로 종하면 종관살격(從官殺格)이라 한다.

1. 종강격(從强格)

종강격(從强格)은 사주 전체가 인성(印星)이나 비겁(比劫)으로 구성된 경우를 말한다.

```
년  월  일  시
丁  丙  丁  乙          乙甲癸壬辛庚己戊
卯  午  卯  巳          巳辰卯寅丑子亥戌
```

정화일주(丁火日主)가 오(午)월에 태어나 득령(得令)하였고, 목
(木)은 인성(印星)이니 인성(印星)과 비겁(比劫)으로만 구성되었으
니 종강격(從强格)이다. 따라서 용신(用神)은 화(火)이고, 목(木)은
희신(喜神)이고, 금(金)운이 가장 흉하다. 금(金)은 화극금(火剋金)
금극목(金剋木)하기 때문에 매우 흉하다. 다음은 토(土)운이 흉한
데 화토(火土)가 동행하는 병진(丙辰)이나 정미(丁未) 등은 별로
흉하지 않으나 토금(土金)이 동행하면 매우 흉하다. 그리고 수(水)
운도 수목(水木)이 동행하는 갑자(甲子)나 을해(乙亥) 등은 별로
흉하지 않으나, 금수(金水)가 동행하는 임신(壬申)이나 계유(癸酉)
등은 매우 흉하다.

2. 종관살격(從官殺格)과 종재격(從財格)

종관살격(從官殺格)과 종재격(從財格)은 사주 전체가 재성(財星)
과 관성(官星)으로 구성된 명조를 말한다.

```
년  월  일  시
壬  壬  丁  庚          癸甲乙丙丁戊己庚
子  子  亥  子          丑寅卯辰巳午未申
```

본명은 수기(水氣) 일색이라 정화일주(丁火日主)가 의지할 곳이 전혀 없으니 종관살격(從官殺格)이 되었다. 따라서 관살(官殺) 수기(水氣)가 용신(用神)이고, 재성(財星) 금기(金氣)는 희신(喜神), 식상(食傷) 토기(土氣)는 기신(忌神), 비겁(比劫) 화기(火氣)는 구신(仇神), 인성(印星) 목기(木氣)는 한신(閑神)이다. 종관살격(從官殺格)이 대운이 좋으면 관운과 재운이 따른다.

3. 종아격(從兒格)

종아격(從兒格)은 사주 전체가 식상(食傷)으로 구성된 명조를 말한다.

년	월	일	시							
丙	甲	乙	辛	乙	丙	丁	戊	己	庚	辛
午	午	巳	巳	未	申	酉	戌	亥	子	丑

을목일주(乙木日主)가 오(午)월에 태어났고, 사주 대부분이 화기(火氣)로 구성되었으니 종아격(從兒格)이다. 월상(月上)에 갑목(甲木)이 1개 있으나 목생화(木生火)하여 화기(火氣)만 도와줄 뿐 쓸모가 없다. 따라서 용신(用神)은 병정화(丙丁火)이고, 목(木)은 희신(喜神)이다. 종아격(從兒格)은 식상(食傷)이 용신(用神)이므로 자식덕이 많고, 식복과 의식주도 풍족하다. 종아격(從兒格)에서 가장 흉한 운은 인성(印星)인 수(水)운이고, 다음은 관성(官星) 금

(金)운이고, 토(土)운도 흉하다. 대운의 흐름을 보니 초년에 반짝 목화(木火)운이 들었지만 그 다음은 금수(金水)운이다.

4. 종세격(從勢格)

종세격(從勢格)은 사주 전체가 재관식(財官食)으로 구성된 명조를 말한다.

```
년 월 일 시
庚 戊 丁 戊        己庚辛壬癸甲乙丙
子 子 未 申        丑寅卯辰巳午未申
```

본명은 일주(日主) 정화(丁火)가 태약한데 관살(官殺)도 강하고 재성(財星)도 강하고 식상(食傷)도 강하니 어느 것도 무시할 수 없어 종세격(從勢格)이 되었다. 즉 년간(年干)의 경금(庚金)은 시지(時支)에 신금(申金)이 들고 토기(土氣)가 많으니 토생금(土生金)하여 강하고, 월상(月上)의 무토(戊土)는 시상(時上)에 무토(戊土)가 또 들고 일지(日支)에 미토(未土)가 들어 강하고, 수기(水氣)는 월지(月支)와 년지(年支)에 들었으니 당연히 태강하다. 따라서 토금수(土金水) 어느 오행도 무시할 수가 없으니 종세격(從勢格)이 되었다. 종세격(從勢格)은 재성(財星) 금(金)이 용신(用神)이고, 관살(官殺) 수(水)와 식상(食傷) 토(土)는 희신(喜神)이다. 그리고 인성(印星) 목(木)과 비겁(比劫) 화(火)는 흉하다.

10장. 간명비법

1. 사주의 중화(中和)를 살핀다.

　중화(中和)란 사주에 음양과 오행이 골고루 들어 균형을 이룬 것을 말하며, 이런 사주는 평생 길복이 많다. 중화를 이룬 사주는 길운에는 당연히 발복하고, 흉운에도 별 문제없이 무난하게 지나간다. 그러나 중화되지 않은 사주는 길운에는 발복할 수 있으나 흉운에는 매우 흉하다. 중화를 이룬 사주는 크게 오행구비(五行具備)·생생불식(生生不息)·주류무체(周流無滯) 3가지로 나눌 수 있다.

1) 오행구비(五行具備)

년	월	일	시
甲	癸	丙	丙
戌	酉	寅	申

甲乙丙丁戊己庚
戌亥子丑寅卯辰

이 사주는 음양이 조화를 잘 이루었고 오행을 모두 구비하였다. 병화일주(丙火日主)가 유(酉)월에 태어나 실령(失令)하였고, 용신(用神)은 시상(時上)의 병화(丙火)이고 목(木)은 희신(喜神)인데 일지(日支) 인목(寅木)이 생조하여 용신(用神)과 희신(喜神)이 모두 강건하다. 따라서 현모양처를 만났고 만석꾼의 거부였다.

2) 생생불식(生生不息)

```
년 월 일 시
癸 癸 戊 丙        壬辛庚己戊丁丙
酉 亥 寅 辰        戌酉申未午巳辰
```

무토일주(戊土日主)가 해(亥)월에 태어나 실령(失令)하여 신약(身弱)하다. 용신(用神)은 시상(時上) 병화(丙火)이고, 목(木)은 희신(喜神)이다. 병화(丙火) 용신(用神)은 인목(寅木)의 부조(扶助)를 받아 강한데 무계(戊癸)가 합하여 화(火)로 변하니 용신(用神)이 더 강해져 길복이 많아졌다. 따라서 지방의 갑부로 천 석을 넘었고, 현숙한 아내를 만났다. 그리고 더 귀한 것은 사주가 생생불식(生生不息)하는 것이다. 즉 금생수(金生水) 수생목(水生木) 목생화(木生火) 화생토(火生土)하여 사주가 막힘없이 흐르는 것이다.

3) 주류무체(周流無滯)

```
년 월 일 시
辛 甲 癸 癸        癸壬辛庚己戊丁丙
巳 午 卯 亥        巳辰卯寅丑子亥戌
```

계수일주(癸水日主)가 오(午)월에 태어났고, 시주(時柱)에서 계해수(癸亥水)가 갑묘목(甲卯木)을 생조하고, 목(木)이 다시 사오화(巳午火)를 생조하니 막힘이 없다. 이처럼 중화된 사주는 특별한 기신(忌神)이 없고 대부분이 용신(用神)이라고 판단해도 된다. 즉 목화토금수(木火土金水)가 모두 길하다. 이처럼 사주가 주류무체(周流無滯)하니 평생 부귀영화를 누리며 살았다.

2. 사주의 정신기(精神氣)를 살핀다.

정(精)은 인성(印星), 신(神)은 재관식(財官食), 기(氣)는 비겁(比劫)을 말한다. 이 정신기(精神氣)를 잘 갖추어야 길복이 많다.

```
년 월 일 시
癸 甲 丙 戊        癸壬辛庚己戊丁丙
酉 子 寅 戌        亥戌酉申未午巳辰
```

본명은 월상(月上)의 갑목(甲木)은 정(精)이고, 병화(丙火)는 기(氣)이고, 무토(戊土)는 신(神)이다. 이처럼 정신기(精神氣)를 잘 갖추면 복록이 많다. 본명은 사주가 상생으로 구성되어 길하다. 즉 금생수(金生水) 수생목(水生木) 목생화(木生火) 화생토(火生土)로 생생불식(生生不息)한다. 자(子)월을 조후(調候)하려면 병화(丙火)가 필요하고, 제방하려면 무토(戊土)가 필요하다. 가장 흉한 것은 임계수(壬癸水)이고, 다음은 축토(丑土)다. 그러나 사주가 중화되어 동서남북 어디로 향해도 길하니 평생 부귀영화를 누리며 살았다.

3. 용신(用神)의 진가(眞假)를 살핀다.

1) 진용신(眞用神)

진용신(眞用神)이란 반드시 필요한 육신(六神)을 말한다.

년	월	일	시									
甲	丙	己	甲		丁	戊	己	庚	辛	壬	癸	甲
子	寅	丑	子		卯	辰	巳	午	未	申	酉	戌

기토일주(己土日主)가 인(寅)월에 태어나 불이 필요하니 월상(月上)의 병화(丙火)가 진용신(眞用神)이다. 병화(丙火) 진용신(眞用神)은 갑인목(甲寅木)의 도움을 받아 강하다. 진용신(眞用神)이면서 강하니 오복을 구비하였다. 재물은 수천 석에 이르렀고, 관직은 상서(尙書)에 올라 평생 평안하게 지냈다. 이처럼 진용신(眞用神)이 들고 강하면 길복이 많다.

2) 가용신(假用神)

가용신(假用神)이란 진용신(眞用神)이 없을 때 대신 취하는 육신(六神)을 말한다.

```
년  월  일  시
庚  戊  壬  辛        丁丙乙甲癸壬辛庚
戌  子  子  亥        亥戌酉申未午巳辰
```

본명은 수기(水氣)와 금기(金氣)가 너무 많으니 병화(丙火)나 정화(丁火)가 진용신(眞用神)이다. 그러나 원국에 병화(丙火)가 없으니 월상(月上)의 무토(戊土)로 가용신(假用神)을 삼아야 한다. 무토(戊土) 가용신(假用神)은 년지(年支)의 술토(戌土)에 의지하여 겨우 명맥을 이어갈 뿐이다. 따라서 진용신(眞用神)이 없으니 평생한 번도 발복하지 못하여 고생하였다.

4. 사주의 한신(閑神)을 살핀다.

한신(閑神)이란 길흉작용을 하지 않고 한가하게 휴식을 취하는 육신(六神)을 말한다.

```
년  월  일  시
甲  庚  丙  壬        辛壬癸甲乙丙丁戊
寅  午  申  辰        未申酉戌亥子丑寅
```

본명은 목화(木火) 기운이 강하니 시상(時上) 임수(壬水)가 용신(用神)이고, 금(金)은 희신(喜神)이다. 시지(時支) 진토(辰土)는 한신(閑神)에 해당하는데 신진합수(申辰合水)하여 용신(用神)으로 변하니 길복이 더 많아졌다. 이처럼 한신(閑神)이 그냥 있지 않고 합하여 용신(用神)이나 희신(喜神)으로 변하면 길하다. 대운 역시 금수(金水)운으로 달리니 부귀영화를 누리며 살았다.

5. 사주의 유정(有情)과 무정(無情)을 살핀다.

1) 유정(有情) 사주

유정(有情) 사주는 용신(用神)이 지지(地支)에 잘 통근(通根)된 것을 말한다.

```
년 월 일 시
壬 丙 庚 庚        丁戊己庚辛壬癸
申 午 午 辰        未申酉戌亥子丑
```

경금일주(庚金日主)가 오(午)월에 태어나 실령(失令)하고, 화기(火氣)가 많으니 신약(身弱)하다. 그러나 경금(庚金)은 임수(壬水)와 신금(申金)과 진토(辰土)의 도움으로 강하다. 용신(用神)은 년상(年上)의 임수(壬水)이고 금(金)은 희신(喜神)이다. 임수(壬水) 용신(用神)은 신금(申金)이 부조하니 유정하여 길하다. 즉 용신(用

神)이 지지(地支)에 잘 통근(通根)된 것을 유정하다고 한다. 예를 들면 임수(壬水)가 용신(用神)인데 용신(用神)이 든 간지(干支)가 임신(壬申)이면 유정하다 하고, 갑목(甲木)이 용신(用神)인데 용신(用神)이 든 간지(干支)가 갑자(甲子)이면 유정하다 하고, 병화(丙火)가 용신(用神)인데 용신(用神)이 든 간지(干支)가 병인(丙寅)이면 유정하다고 한다. 이 사주도 유정하니 관운이 좋아 국경 수비대장이 되었다. 유정 사주는 용신(用神)이 강하고 길복이 많다.

2) 무정(無情) 사주

무정(無情) 사주는 용신(用神)이 지지(地支)에 통근(通根)하지 못한 것을 말한다.

년	월	일	시							
壬	丙	丙	丙		丁	戊	己	庚	辛	壬	癸
寅	午	戌	申		未	申	酉	戌	亥	子	丑

본명은 인오술(寅午戌)이 화국(火局)을 이루어 화기(火氣)가 태왕하다. 따라서 년상(年上) 임수(壬水)가 용신(用神)이고, 시지(時支) 신금(申金)이 희신(喜神)이다. 그러나 용신(用神)과 희신(喜神)이 너무 멀리 떨어져 있어 무정하니 길복이 많이 약하다. 용신(用神)과 희신(喜神)이 너무 멀리 떨어져 있어 상부상조하지 못하면 사주의 격이 많이 떨어져 흉화가 많다.

6. 사주의 기반(羈絆)을 살핀다.

기반(羈絆)이란 용신(用神)을 합으로 묶어 용신(用神)의 사명을 못하게 하는 것을 말한다.

```
년 월 일 시
甲 丙 辛 壬        丁戊己庚辛壬癸甲
申 子 酉 辰        丑寅卯辰巳午未申
```

본명은 월상(月上)의 병화(丙火)가 용신(用神)인데 병신합수(丙辛合水)하여 용신(用神)이 기반(羈絆)되어 사명을 망각하였다. 용신(用神)이 기반(羈絆)되니 주체성을 잃어 부화뇌동하고, 무슨 일을 해도 성공하지 못하고 평생 허송하였다.

```
년 월 일 시
庚 壬 丁 庚        辛庚己戊丁丙乙甲
午 午 巳 戌        巳辰卯寅丑子亥戌
```

월상(月上)의 임수(壬水)가 용신(用神)인데 정임합목(丁壬合木)하여 기신(忌神)으로 변하였다. 용신(用神)이 자기의 사명을 다하지 못하면 만사가 실패한다. 사람에 비유하면 용신(用神)은 마음과 같다. 따라서 마음의 중심을 잃고 우왕좌왕하면 아무일도 성공하지 못한다. 이 사람은 평생 소리만 요란할 뿐 실속없이 살다가 죽었다.

7. 사주의 청탁(淸濁)을 살핀다.

1) 청(淸)한 사주

	년	월	일	시
	癸	甲	丙	乙
	酉	子	寅	未

癸壬辛庚己戊丁丙
亥戌酉申未午巳辰

　본명은 오행을 모두 갖추었으니 아주 길하며 청(淸)한 사주가 되었다. 굳이 용신(用神)을 찾는다면 일간(日干)의 병화(丙火)다. 오행이 중화되어 청하니 길복이 많았다. 일청도저유정신(一淸到底有精神). 맑은 기운으로 일진하니 정신이 있다는 뜻이다.

2) 탁(濁)한 사주

	년	월	일	시
	癸	辛	甲	癸
	亥	酉	申	酉

壬癸甲乙丙丁戊
戌亥子丑寅卯辰

　이 사주는 탁하여 흉화가 많았다. 평생 6번 결혼했으나 모두 실패한 파란만장한 여인이었다. 사주가 탁하면 길복은 약하고 흉화는 많다. 파란만장하게 사는 사람들을 보면 대개 사주가 탁하다.

8. 사주의 천복지재(天覆地載)를 살핀다.

용신(用神)이 지지(地支)에 들면 천간(天干)이 보호해야 길하다. 만일 천간(天干)에 들면 지지(地支)가 잘 통근(通根)시키면 길복이 많으나, 용신(用神)을 개두(蓋頭)하고 절각(折脚)시키면 흉하다.

1) 천복지재(天覆地載)가 잘된 사주

년	월	일	시							
己	丁	壬	庚		丙	乙	甲	癸	壬	辛	庚
卯	卯	申	戌		寅	丑	子	亥	戌	酉	申

임수일주(壬水日主)가 묘(卯)월에 태어났고, 월간(月干)에 정화(丁火)가 투출(透出)하고, 년지(年支)에 해수(亥水)가 들어 목기(木氣)가 강하다. 용신(用神)은 시간(時干) 경금(庚金)인데 일지(日支) 신금(申金)과 시지(時支) 술토(戌土)가 부조하니 강하여 천복지재(天覆地載)가 잘되었다. 용신(用神)이 강하면 부귀가 많으니 평생 큰 어려움 없었다. 소년에 등과하여 국경 수비대장에 올랐다.

2) 용신(用神)을 절각(折脚)시킨 사주

년	월	일	시							
己	丁	甲	庚		丙	乙	甲	癸	壬	辛	庚
丑	卯	午	午		寅	丑	子	亥	戌	酉	申

본명은 시상(時上)의 경금(庚金)이 용신(用神)인데 시지(時支)의 오화(午火)가 절각(折脚)되어 부실하다. 절각(折脚)이란 지지(地支)가 천간(天干)을 파극(破剋)하는 것을 말한다. 용신(用神)이 천간(天干)에 투출(透出)하면 지지(地支)는 용신(用神)을 통근(通根)시켜야 길한데 용신(用神)을 절각(折脚)을 시키니 파란이 많았다.

3) 용신(用神)을 개두(蓋頭)시킨 사주

```
년  월  일  시
戊  庚  庚  乙          辛壬癸甲乙丙丁戊
戌  申  寅  酉          酉戌亥子丑寅卯辰
```

용신(用神)은 일지(日支)의 인목(寅木)인데 경금(庚金)이 개두(蓋頭)시켰다. 개두(蓋頭)란 천간(天干)이 지지(地支)를 파극(破剋)하는 것을 말한다. 이 사람은 힌 빈도 능력을 발휘하지 못하였다. 세다가 지지(地支)에서 신유술(申酉戌)이 방합(方合)하여 인목(寅木)용신(用神)을 파극(破剋)하여 파란만장하였다.

9. 사주의 길신태로(吉神太露)를 살핀다.

천간(天干)에 투출(透出)한 오행은 쟁탈당하기 쉬우나, 지지(地支)의 오행은 완전히 당하지는 않는다. 즉 용신(用神)이 천간(天干)에 투출(透出)하면 아름다우나 빼앗길 위험이 있고, 용신(用神)이 지지(地支)에 있거나 암장(暗藏)되면 안전하기는 하나 능력을 완전히 발휘하기 어렵다.

```
년 월 일 시
己 丁 丙 庚          丙乙甲癸壬辛庚
丑 卯 午 寅          寅丑子亥戌酉申
```

용신(用神)은 시상(時上)의 경금(庚金)인데 지지(地支)에 통근(通根)이 약하여 사주가 불안하다. 병경(丙庚) 상충(相沖)을 감당하지 못하여 흉한 사주가 된 것이다. 년주(年柱)에 기축(己丑)이 있지만 거리가 너무 멀다. 천간(天干)에 투출(透出)한 용신(用神)과 지지(地支)에 통근(通根)한 희신(喜神)이 너무 멀리 떨어져 있으면 무정한 사주가 되어 길복이 약하다.

```
년 월 일 시
甲 丁 丙 甲          丙乙甲癸壬辛庚
戌 卯 辰 午          寅丑子亥戌酉申
```

용신(用神)은 년지(年支)의 술중신금(戌中辛金)인데, 지지(地支)에 암장(暗藏)되어 있으니 안전하기는 하나 능력을 발휘하기 어렵다. 이처럼 용신(用神)이 암장(暗藏)되면 머리로는 알지만 실천하지 못하는 꼴이 된다. 따라서 평생 미관말직에 머물며 능력을 발휘하지 못하였다.

11장. 응용편

1. 육친운

사주를 간명할 때 첫째는 본인을 중심으로 보고, 둘째는 육친을 본다. 육친이란 조부모·부모·처첩·남편·형제·자식·손자·친구 등을 말한다.

1. 조상운
조상운은 위치로는 년주(年柱)를 보고, 육신(六神)으로는 관성(官星)을 본다.

1) 조상덕 있는 사주

년	월	일	시
丙	己	辛	戊
午	亥	丑	子

庚辛壬癸甲乙丙丁
子丑寅卯辰巳午未

본명은 신금일주(辛金日主)가 해(亥)월에 태어났고, 사주에 수기(水氣)가 많으니 년주(年柱)의 병오(丙午)가 용신(用神)이다. 용신(用神)이 년주(年柱)에 들고 길하니 조부모가 부유하였다. 따라서 초년에는 호의호식하며 자랐다. 초년에는 대개 자신의 운보다 조상과 부모운의 영향을 더 많이 받는다.

2) 조상덕 없는 사주

```
년 월 일 시
壬 戊 壬 甲        己庚辛壬癸甲乙
申 申 申 辰        酉戌亥子丑寅卯
```

임수일주(壬水日主)가 신(申)월에 태어났으니 지지(地支)가 모두 신금(申金) 장생(長生)이고, 천간(天干)에 임수(壬水)가 2개 있으니 태강하다. 많은 금(金)을 억제하려면 화(火)가 필요한데 없으니 시상(時上) 갑목(甲木)이 용신(用神)이다. 년주(年柱)에 기신(忌神)이 들었으니 조상덕이 없어 가난과 역적의 후손이라는 불명예만 물려받았다.

2. 부모운

부모운은 위치로는 월주(月柱)를 보고, 육신(六神)으로는 인성(印星)을 본다.

1) 부모덕 있는 사주

```
년  월  일  시
甲  丙  壬  辛        丁戊己庚辛壬癸甲
子  寅  子  丑        卯辰巳午未申酉戌
```

임수일주(壬水日主)가 인(寅)월에 태어났으니 실령(失令)하여 수목식상격(水木食傷格)이나, 사주에 비겁(比劫) 기운이 강하여 신강(身强)해졌다. 따라서 용신(用神)은 월상(月上)의 병화(丙火)이니 부모덕이 많아 많은 유산을 물려받았다. 부모운은 위치로는 월주(月柱)를 보고 육신(六神)으로는 인성(印星)을 본다. 사주의 위치로 보는 간명은 주로 부모와 부부와 자녀이고, 위치로 간명할 수 없는 육친은 육신(六神)으로 본다. 즉 친구나 장모나 외삼촌이나 동업자 등은 육신(六神)으로 판단한다.

2) 부모덕 없는 사주

```
년  월  일  시
壬  丙  丁  辛        丁戊己庚辛壬癸
午  午  卯  丑        未申酉戌亥子丑
```

정화일주(丁火日主)가 오(午)월에 태어나 신강(身强)하나, 화기

(火氣)가 태왕하여 수기(水氣)가 시급하니 용신(用神)은 년상(年上)의 임수(壬水)다. 그러나 임수(壬水) 용신(用神)은 시주(時柱) 신축(辛丑)과 너무 떨어져 있어 용신(用神)이 파극(破剋)당하였다. 따라서 월주(月柱) 병오(丙午)는 기신(忌神)에 해당하니 부모덕이 없어 물려받은 것이라고는 가난뿐이었다. 평생 고생하며 빈천하게 살다가 말년에야 자수성가하여 의식주 걱정을 하지 않았다.

3. 아내운

아내운은 위치로는 일지(日支)를 보고, 육신(六神)으로는 재성(財星)을 본다.

1) 아내덕 있는 사주

년	월	일	시								
戊	乙	庚	庚		丙	丁	戊	己	庚	辛	壬	癸
午	卯	申	辰		辰	巳	午	未	申	酉	戌	亥

용신(用神)은 시상(時上) 경금(庚金)인데 일지(日支) 신금(申金)에 통근(通根)하여 강하다. 일지(日支)에 용신(用神)이 들었으니 아내복이 많아 현모양처를 만났다. 결혼한 후부터 가세가 흥성하고 출세 승진하였다. 남명이 일지(日支)에 용신(用神)이 들면 길복이 매우 많다. 이 사람은 신왕재왕(身旺財旺)하여 큰 부자가 되었다.

2) 아내덕 없는 사주

```
년  월  일  시
乙  乙  壬  庚        甲癸壬辛庚己戊丁
卯  酉  申  戌        申未午巳辰卯寅丑
```

금기(金氣)가 많으니 년상(年上)과 월상(月上)에 투출(透出)한 을목(乙木)이 용신(用神)이다. 일지(日支) 신금(申金)은 기신(忌神)이니 아내복이 없어 교양없고 고집불통이며 남편을 무시하는 사람을 만났다. 지지(地支)의 신유술(申酉戌)이 삼합(三合)하여 기신(忌神)이 되어 아내덕이 없었던 것이다. 결혼 전에는 부모덕에 호의호식했으나, 악처를 만나 갈등이 심하고 재물도 많이 사라졌다.

4. 결혼시기

결혼시기는 용신(用神)이 드는 해와 일지(日支)에 육합(六合)이나 삼합(三合)이나 방합(方合)이 들 때가 길하다.

1) 용신(用神)이 드는 해가 길하다.

```
년  월  일  시
庚  壬  壬  壬        癸甲乙丙丁戊己庚
寅  午  辰  寅        未申酉戌亥子丑寅
```

월상(月上)과 시상(時上)의 임수(壬水)가 용신(用神)이니 임계(壬癸)년과 해자(亥子)년이 좋은데 계해(癸亥)년에 결혼하였다. 금수(金水)운이 길하고 목화(木火)운은 흉한데 천간(天干)은 모두 길신이나 지지(地支)는 모두 흉신이 차지하였다. 그래서 겉으로는 길복이 많은 사람처럼 보였으나 속으로는 고민이 많았다. 즉 빛 좋은 개살구 같은 인생이었다.

2) 일지(日支)에 합이 들 때가 길하다.

```
년 월 일 시
丁 丙 壬 丙        乙甲癸壬辛庚己戊
亥 午 寅 午        巳辰卯寅丑子亥戌
```

일지(日支)에 인목(寅木)이 있으니 인해합목(寅亥合木) 육합(六合)과 인오술(寅午戌) 삼합(三合)과 인묘진(寅卯辰) 방합(方合)을 이루었다. 병술(丙戌)년에 결혼식을 올렸으니 삼합(三合)에 결혼한 것이다. 일지(日支)에 합이 들 때 결혼하는 경우가 많다. 사람은 누구나 타고난 사주팔자대로 살아가나 어느 정도는 타인의 영향을 받는다. 초년에는 부모의 영향을 많이 받고, 결혼한 후에는 배우자의 영향을 많이 받고, 노년에는 자식의 영향을 많이 받는다.

5. 궁합(宮合)

부부의 궁합에서 가장 좋은 것은 일지(日支)에 용신(用神)이 든 배우자이고, 가장 흉한 것은 일지(日支)에 기신(忌神)이 든 배우자다. 부부의 궁합은 일지(日支)·일간(日干)·월지(月支)를 중심으로 보고, 동업자 궁합은 년지(年支)·월지(月支)·일간(日干)을 중심으로 본다. 궁합을 보는 방법은 5가지로 나누어 볼 수 있다.

① 성격궁합 : 일간(日干)과 일간(日干)이 상생하거나 합하면 성격이 잘 맞고, 상충(相沖)하면 대립한다.

② 가정궁합 : 월지(月支)와 월지(月支)가 상생하거나 합하거나 서로 용신(用神)이나 희신(喜神)이 되면 가정생활이 원만하다.

③ 속궁합 : 성생활 궁합이라고도 하는데 부부간에는 가장 중요하다. 일지(日支)가 서로 합되면 길하고, 충되면 흉하다.

④ 환경궁합 : 년지(年支)가 서로 합되면 길하고, 충되면 흉하다.

⑤ 자녀궁합 : 시지(時支)가 합되면 길하고, 충되면 흉하다.

6. 형제운

형제운은 육신(六神)의 비겁(比劫)의 길흉만으로 본다.

1) 형제덕 있는 사주

년	월	일	시								
庚	壬	壬	壬	癸	甲	乙	丙	丁	戊	己	庚
辰	午	午	寅	未	申	酉	戌	亥	子	丑	寅

임수일주(壬水日主)가 오(午)월에 태어나 불길이 강하니 물이 필요하다. 따라서 월상(月上)의 임수(壬水) 비견(比肩)이 용신(用神)인데 천간(天干)에 임수(壬水)가 3개나 투출(透出)하고 경금(庚金)이 도와주니 강하다. 따라서 형제간에 우애가 돈독하였다.

2) 형제덕 없는 사주

년	월	일	시									
丁	壬	癸	丁		辛	庚	己	戊	丁	丙	乙	甲
酉	子	亥	巳		亥	戌	酉	申	未	午	巳	辰

이 사주는 홍수가 난 것처럼 물이 넘친다. 시상(時上) 정화(丁火)가 용신(用神), 목(木)은 희신(喜神), 비겁(比劫)은 기신(忌神)에 해당한다. 따라서 형제덕이 없어 7형제였지만 항상 대립하였다. 부모가 돌아가시자 유산때문에 칼부림이 났고, 나중에는 소송까지 벌어졌다.

7. 자식운

자식운은 위치로는 시주(時柱)를 보고, 육신(六神)으로는 식상(食傷)을 본다.

1) 자식덕 있는 남자

```
년  월  일  시
壬  壬  壬  丙        癸甲乙丙丁戊己庚
申  子  寅  午        丑寅卯辰巳午未申
```

임수일주(壬水日主)가 자(子)월에 태어났으니 사주에 수기(水氣)가 넘쳐 시상(時上) 병화(丙火)가 용신(用神)이다. 용신(用神)이 시주(時柱)에 들었으니 자식복이 많아 5명을 두었는데 모두 총명하여 일찍 등과하였고, 효심이 깊어 자식덕에 부귀영화를 누리며 살았다. 자식운은 시주(時柱)로 판단하는 것이 가장 정확하다.

2) 자식덕 없는 남자

```
년  월  일  시
丁  丙  壬  丙        乙甲癸壬辛庚己戊
酉  午  寅  午        巳辰卯寅丑子亥戌
```

임수일주(壬水日主)가 오(午)월에 태어나 실령(失令)하였고, 사주에 화기(火氣)가 넘치니 수(水)가 용신(用神)이다. 임수(壬水)는 일주(日柱)이자 용신(用神)이니 바쁘다. 년지(年支) 유금(酉金)이 생조하지만 거리가 멀어 협조가 잘 안되고, 시주(時柱) 병오(丙午)

는 기신(忌神)이라 자식을 둘 두었으나 모두 불효가 막심하여 원수처럼 지냈다.

2 재물운

1. 부자 사주

1) 사주가 신왕재왕(身旺財旺)하면 부자가 된다.

```
년 월 일 시
甲 丁 甲 甲        戊己庚辛壬癸甲乙
子 卯 戌 戌        辰巳午未申酉戌亥
```

갑목일주(甲木日主)가 묘(卯)월에 태어나 득령(得令)하여 신강(身强)한데 술토(戌土) 편재(偏財)가 용신(用神)이며 강하니 부자가 되었다. 일지(日支)와 시지(時支)에 연이어 술토(戌土)가 들었으니 토기(土氣)가 강하나, 갑목일주(甲木日主)가 충분히 감당할 수 있어 거부가 된 것이다. 토(土)에는 진술축미(辰戌丑未) 4가지가 있는데 본명에서는 술토(戌土)가 가장 길하다. 술토(戌土)는 70% 길하고, 미토(未土)는 60% 길하고, 축토는 40% 길하고, 진토(辰土)는 30% 길하다. 이처럼 길흉을 분명하게 구분하는 것이 중요하다.

2) 사주가 재기통문(財氣通門)하면 부자가 된다.

```
년  월  일  시
戊  戊  戊  壬          己庚辛壬癸甲乙丙
寅  午  申  子          未申酉戌亥子丑寅
```

무토일주(戊土日主)가 오(午)월에 태어나 신왕(身旺)하고, 시상(時上) 임수(壬水)는 용신(用神)인데 자수(子水)와 신금(申金)의 도움을 받아 강하다. 재성(財星)이 용신(用神)이며 강하니 재물복이 많다. 또 일지(日支)에 신금(申金) 식상(食傷)이 있어 재성(財星)을 생조하니 더 좋아져 재기통문(財氣通門) 사주가 되어 부자가 된 것이다. 수(水)가 용신(用神)이니 임계(壬癸) 해자(亥子) 대운에서 수천 석을 모았다.

3) 아내복과 재물복의 구분

육신(六神)에서는 재성(財星)을 재물로 보고, 남명에서는 처첩으로 본다. 그러나 처첩운은 위치에서 볼 때 일지(日支)에 해당하므로 일지(日支)의 길흉을 중점적으로 본다. 즉 재성(財星)은 흉하나 일지(日支)가 길하면 재물복은 없으나 아내복은 있다고 간명한다. 남명이 일지(日支)에 용신(用神)이 들면 아내복이 있다.

```
년  월  일  시
庚  己  丙  丙          庚辛壬癸甲乙丙
子  丑  午  申          寅卯辰巳午未申
```

병화일주(丙火日主)가 축(丑)월에 태어나 실령(失令)하였고, 년지
(年支)에 자수(子水)가 들어 신약(身弱)하다. 용신(用神)은 시상
(時上)의 병화(丙火)다. 일지(日支)에 오화(午火)가 들어 아내복이
많았다.

```
년  월  일  시
乙  乙  壬  己          甲癸壬辛庚己戊丁
巳  酉  申  酉          申未午巳辰卯寅丑
```

재성(財星)은 길하나 일지(日支)가 기신(忌神)이라 재물복은 있으
나 아내복은 없었다. 목화(木火)가 용신(用神)인데 일지(日支) 신
금(申金)이 기신(忌神)이기 때문이다. 따라서 재물은 많이 모았으
나 교양이 없고 고집불통이며 남편을 무시하는 아내를 만나 원수
처럼 살았다. 남명이 일지(日支)에 기신(忌神)이 들면 가정불화가
많고, 재성(財星)과 비겁(比劫)이 균형을 이루면 재물복이 있다.

2. 가난한 사주

1) 사주에서 일주(日主)가 허약하면 가난하다.

```
년  월  일  시
癸  癸  丙  乙          壬 辛 庚 己 戊 丁 丙 乙
亥  亥  子  未          戌 酉 申 未 午 巳 辰 卯
```

이 사주는 온통 수(水)로 구성되어 홍수가 난 것 같으니 토(土)로 제방해야 하는데 물이 너무 많으니 어렵다. 병화일주(丙火日主)는 허약한데 외격(外格)도 아니니 주머니에는 땡전 한 푼 없었다.

2) 사주에서 용신(用神)이 허약하면 가난하다.

```
년  월  일  시
庚  庚  庚  壬          辛 壬 癸 甲 乙 丙 丁 戊
申  辰  申  午          巳 午 未 申 酉 戌 亥 子
```

천간(天干)은 모두 경금(庚金)이고, 진(辰)월 진(辰)시이니 토금(土金)이 사주를 장악하였다. 시지(時支) 오화(午火)가 용신(用神)인데 시상(時上)에 임수(壬水)가 개두(蓋頭)하여 허약하다. 따라서 평생 빈털터리가 되어 경제적으로 쪼들리며 살았다.

3) 사주에서 재성(財星)이 허약하면 가난하다.

```
년  월  일  시
戊  戊  戊  戊        己庚辛壬癸甲乙丙
寅  午  寅  午        未申酉戌亥子丑寅
```

본명은 화토(火土)가 태왕하고, 년지(年支) 인목(寅木)이 용신(用神)이나 오화(午火)가 설기(泄氣)하여 허약하다. 재물에 해당하는 재성(財星)이 일점도 없으니 평생 가난하였다. 비겁(比劫)은 태왕한데 재성(財星)이 일점도 없었기 때문이다.

3. 종신부자 사주

사주가 재기통문(財氣通門)하면 평생 부자로 산다.

```
년  월  일  시
戊  戊  戊  壬        己庚辛壬癸甲乙丙
寅  午  申  子        未申酉戌亥子丑寅
```

무토일주(戊土日主)가 오(午)월생이라 신왕(身旺)하니 시상(時上) 임수(壬水)가 용신(用神)인데 자수(子水)와 신금(申金)의 도움을 받아 강하다. 재성(財星)이 용신(用神)이며 강하니 재물운이 좋다. 또 일지(日支)에 신금(申金) 식상(食傷)이 있어 재성(財星)을 생조하니 더 좋다. 재기통문(財氣通門)하여 종신부자가 된 것이다.

4. 선빈후부(先貧後富) 사주

초년과 청년기에는 곤고하나 중년과 말년에 발복하여 부자가 되는 것을 선빈후부 사주라고 한다.

년	월	일	시									
癸	庚	甲	甲		己	戊	丁	丙	乙	甲	癸	壬
酉	申	寅	子		未	午	巳	辰	卯	寅	丑	子

본명은 월지(月支)가 신(申)이니 갑목(甲木)이 용신(用神)인데 일지(日支) 인목(寅木)이 생조하고 갑자(甲子)시에 태어났으니 강하다. 수목(水木)운이 길한데 초년은 화토(火土)운이라 발복하지 못했으나, 진토(辰土) 대운부터 수목(水木)운이라 성공하였다. 대운에 기신(忌神)인 금(金)운이 없어 일생이 평안하였다.

5. 선부후빈(先富後貧) 사주

초년과 청년기에는 부모덕에 부유하게 지내나 중년과 말년에 빈천해지는 것을 선부후빈 사주라고 한다.

년	월	일	시									
壬	丁	甲	甲		戊	己	庚	辛	壬	癸	甲	乙
申	未	寅	子		申	酉	戌	亥	子	丑	寅	卯

갑목일주(甲木日主)가 미(未)월에 태어났는데 시간(時干)에 갑목(甲木)과 일지(日支)에 인목(寅木)이 들어 목기(木氣)가 왕강하니 금(金)이 필요하다. 따라서 년지(年支) 신금(申金)이 용신(用神)이고, 토(土)는 희신(喜神)이다. 초년은 신유술(申酉戌) 금(金)운이라 등과하여 이름을 날렸으나, 후반기에는 불리하여 실직하였다.

5. 돈이 들어오는 시기

돈이 들어오는 시기는 용신(用神)운과 희신(喜神)운으로 본다.

년	월	일	시								
壬	壬	丙	甲		癸	甲	乙	丙	丁	戊	己	庚
申	子	寅	午		丑	寅	卯	辰	巳	午	未	申

본명은 목화(木火)운이 길하므로 병인(丙寅)·정사(丁巳)·갑오(甲午)년에 돈이 많이 들어왔다. 유운득복(有運得福). 운이 있으면 복을 받는다. 용신(用神)은 일간(日干)의 병화(丙火)인데 시지(時支)에 오화(午火)가 통근(通根)하고, 일지(日支)에 인목(寅木)이 들어 일간(日干)이면서 용신(用神) 작용을 한다. 용신(用神)이 강하면 길하니 화(火)운에 많은 돈을 벌었다.

3. 관운

1. 관운 있는 사주

1) 사주에 관성유리회(官星有理會)가 있으면 관운이 있다.

사주에 관록이 있는 것을 관성유리회(官星有理會)라 한다.

년 월 일 시

辛 庚 甲 甲 　　　 己戊丁丙乙甲癸

酉 寅 寅 子 　　　 丑子亥戌酉申未

본명은 갑목일주(甲木日主)가 인(寅)월에 태어났는데 시간(時干)에 갑목(甲木)과 일지(日支)에 인목(寅木)이 들어 목기(木氣)가 왕상하니 금(金)이 필요하나. 따라서 월간(月干) 경금(庚金)이 용신(用神)이고, 토(土)는 희신(喜神)이다. 편관(偏官)이 용신(用神)이니 관운이 있어 초년에 등과하여 이름을 날렸다.

2) 사주가 신왕관왕(身旺官旺)하면 관운이 있다.

년 월 일 시

戊 丁 丙 壬 　　　 己庚辛壬癸甲乙

寅 巳 子 辰 　　　 午未申酉戌亥子

병화일주(丙火日主)가 사(巳)월에 태어나 득령(得令)하여 신강(身強)하다. 강한 불길을 잡아야 중화되니 물이 필요하다. 시상(時上) 임수(壬水)가 용신(用神)인데 일지(日支) 자수(子水)에 통근(通根)하여 강하다. 따라서 초년에 등과하여 나중에는 관찰사에 올랐다. 관성(官星)이 용신(用神)이나 희신(喜神)이면 관운이 따른다.

2. 관록의 등급

국가의 녹을 받으면 모두 공무원이다. 그러나 공무원에는 대통령도 있고 장관도 있고 고관도 있고 미관말직도 있다. 관록은 여러 등급이 있다.

품격구분표

	관직	무관	회사
최상격	왕, 대통령, 수상	총장, 대장	회장
상격	장관, 고급관리, 도지사	사단장	사장
중상격	군수, 구청장	대대장	국장
중격	면장, 동장	중대장	부장
중하격	이장, 반장	소대장	과장
하격	일반 국민	졸병	사원
최하격	걸인, 장애인	실업자	실업자

3. 사법관 사주

삼형살(三刑殺)이 있는데 사주가 순수하고 청하면 사법관이 되는 경우가 많다.

```
년  월  일  시
甲  庚  丙  壬            辛壬癸甲乙丙丁戊
寅  午  申  辰            未申酉戌亥子丑寅
```

본명은 시상(時上)의 임수(壬水) 편관(偏官)이 신금(申金)에 통근(通根)하여 강하고, 갑경(甲庚)이 상충(相沖)하여 살기가 있어 사법관이 되었다. 사법관은 사람의 생살권을 행사하기 때문에 사주에 살벌한 기운이 다소 많은 편이다. 삼형살(三刑殺)이 있는데 사주가 순수하고 청하면 사법관이 되는 경우가 많다.

4. 행정관 사주

사주에 재관(財官)이 충만하면 행정관이 되는 경우가 많다.

```
년  월  일  시
丁  戊  戊  甲            己庚辛壬癸甲乙丙
巳  申  申  寅            酉戌亥子丑寅卯辰
```

본명은 무토일주(戊土日主)가 신(申)월에 태어나 설기(泄氣)가 심한데 년주(年柱)에 정사(丁巳)가 들어 화생토(火生土)하여 신약(身弱)한 일주(日柱)를 생조하고, 또 화극금(火剋金)하여 강한 금기(金氣)를 억제한다. 따라서 시주(時柱)의 갑인목(甲寅木)이 용신(用神)인데 시지(時支) 인목(寅木)에 통근(通根)되어 강하다. 따라서 치안행정관이 되어 능력을 발휘하였다. 사주에 재관(財官)이 충만하면 행정관이 되는 경우가 많다.

5. 군인 사주

사주가 신왕(身旺)한데 편관(偏官)이 왕성하면 군인이 되는 경우가 많다.

년 월 일 시

甲 癸 癸 戊   甲乙丙丁戊己庚辛壬

子 酉 巳 午   戌亥子丑寅卯辰巳

본명은 신강(身强)한데 시상(時上)의 무토(戊土) 편관(偏官)이 왕성하여 장군이 되었다. 편관(偏官)이 들었는데 강하면 군인으로 출세하는 경우가 많다. 사주가 신왕(身旺)한데 편관(偏官)이 왕성하면 공무원 중에서도 군인계통이 길하다.

4. 직업운

1. 육신(六神)으로 본 직업

1) 비견(比肩)이 용신(用神)이면 자유업이 길하다.

```
년 월 일 시
己 乙 乙 戊          甲癸壬辛庚己戊丁
酉 酉 未 寅          申未午巳辰卯寅丑
```

본명은 금기(金氣)가 많으니 목성(木星) 비견(比肩)이 용신(用神)이라 독립사업으로 성공하였다. 비견(比肩)이 용신(用神)이면 계리사·변리사·의사·기자 등의 자유업이나 특수한 기술을 갖는 것이 좋다.

2) 겁재(劫財)가 용신(用神)이면 자영업이 길하다.

```
년 월 일 시
戊 庚 乙 甲          辛壬癸甲乙丙丁戊
申 申 卯 申          酉戌亥子丑寅卯辰
```

본명은 시상(時上)의 갑목(甲木) 겁재(劫財)가 용신(用神)이라 변호사로 성공하였다. 겁재(劫財)가 용신(用神)이면 독립사업이나 변호사·계리사·변리사·의사·기자·자유업 등이나 기술을 배우는 것이 길하다.

3) 식신(食神)이 용신(用神)이면 식품계통이 길하다.

```
년 월 일 시
戊 庚 壬 壬        辛壬癸甲乙丙丁戊
戌 申 寅 寅        酉戌亥子丑寅卯辰
```

본명은 일지(日支)의 인목(寅木) 식신(食神)이 용신(用神)이라 식당으로 성공하였다. 식신(食神)이 용신(用神)이면 기술·의학·학문·의식주·금융계통에서 성공한다.

4) 상관(傷官)이 용신(用神)이면 전문기술 분야가 길하다.

```
년 월 일 시
戊 癸 甲 丁        甲乙丙丁戊己庚申
子 亥 午 卯        子丑寅卯辰巳午未
```

본명은 시상(時上)의 정화(丁火) 상관(傷官)이 용신(用神)이라 발명가로 성공하였다. 상관(傷官)이 용신(用神)이면 예능·학문·발명·연설·승려·교사·변호사·계리사·흥행가 등 경쟁적인 업무에서 성공한다.

5) 편재(偏財)가 용신(用神)이면 상업이 가장 길하고 투기업도 적합하다.

```
년 월 일 시
戊 戊 戊 壬        己庚辛壬癸甲乙丙
午 午 申 子        未申酉戌亥子丑寅
```

본명은 시상(時上)의 임수(壬水) 편재(偏財)가 용신(用神)이라 무역업으로 크게 성공하였다. 편재(偏財)가 용신(用神)이면 상업·무역업·금융업·유통업·외교업·청부업·중개업 등에서 성공한다.

6) 정재(正財)가 용신(用神)이면 정직과 신용을 바탕으로 하는 계통이나 상업이 길하다.

```
년 월 일 시
庚 辛 丁 丙        壬癸甲乙丙丁戊己
申 巳 巳 午        午未申酉戌亥子丑
```

본명은 년상(年上)의 경금(庚金) 징새(正財)가 용신(用神)이라 은

행에서 근무하다 지점장까지 되었다. 정재(正財)가 용신(用神)이면
투기는 금물이고, 봉급자·상업·금융·은행·회사원 등이 길하다.

7) 편관(偏官)이 용신(用神)이면 공무원이 길하다.

```
년  월  일  시
庚  戊  甲  甲        己庚辛壬癸甲乙丙
申  寅  辰  子        卯辰巳午未申酉戌
```

본명은 년상(年上)의 경금(庚金) 편관(偏官)이 용신(用神)이라 검
사가 되었다. 편관(偏官)이 용신(用神)이면 관리직·군인·경찰·
법관·공무원·예능계·문장 등에서 성공한다.

8) 정관(正官)이 용신(用神)이면 정직과 신용을 바탕으로 하는 공무원이 길하다.

```
년  월  일  시
庚  戊  癸  壬        己庚辛壬癸甲乙丙
戌  子  未  子        丑寅卯辰巳午未申
```

본명은 월상(月上)의 무토(戊土) 정관(正官)이 용신(用神)이라 공
무원이 되었다. 정관(正官)이 용신(用神)이면 문관·행정·교육·

법조·공무원·신용업 등에서 성공한다.

9) 편인(偏印)이 용신(用神)이면 교육이나 역술계통이 길하다.

```
년  월  일  시
庚  戊  庚  丙        己庚辛壬癸甲乙丙
子  寅  子  子        卯辰巳午未申酉戌
```

본명은 월상(月上)의 무토(戊土) 편인(偏印)이 용신(用神)이라 교
사가 되었다. 편인(偏印)이 용신(用神)이면 교육·의사·평론·기
사·운명가·서비스업 등에서 성공한다.

10) 인수(印綬)가 용신(用神)이면 봉사하는 직업이 길하다.

```
년  월  일  시
戊  癸  戊  丁        甲乙丙丁戊己庚辛
子  亥  戌  巳        子丑寅卯辰巳午未
```

본명은 시상(時上)의 정화(丁火) 인수(印綬)가 용신(用神)이며 술
해(戌亥) 천문(天門)이 들어 역술가가 되었다. 인수(印綬)가 용신
(用神)이면 교육계·의사·평론가·기사·운명가·문화·예술·
학술·지식·생산업 등에서 싱공한다.

2. 오행(五行)으로 본 직업

1) 목성(木星) 용신(用神)

목(木)이 용신(用神)이면 의류·포목·디자이너·교육·침구·지물포·지압·바느질·조각·미용·예술·승려·화장품·타자·음악가·가구점·악기점·서점·문방구·신문사·당구장 등이 좋다.

```
년 월 일 시
甲 壬 辛 己            癸甲乙丙丁戊己
寅 申 酉 丑            酉戌亥子丑寅卯
```

신금(辛金) 일주(日主)가 신(申)월에 태어나 득령(得令)했으니 년주(年柱) 갑인목(甲寅木)이 용신(用神)이다. 목(木)이 용신(用神)이니 부모에게 물려받은 목재소를 크게 발전시켰다. 신강(身强)하고 재왕(財旺)하니 큰 부자가 된 것이다.

2) 화성(火星) 용신(用神)

화(火)가 용신(用神)이면 전자제품·보일러·건축·외교관·교사·아나운서·연예인·군인·의사·법관·정치인·봉사직·역술가·극장업·통신업·사진관·양품점·화장품·광고업·화공약품·예식장·학원·조명기구·교육·언론기관·기자·안경점·전화상·이발소·미용실 등이 길하다.

```
년 월 일 시
辛 己 己 丙        庚辛壬癸甲乙丙
酉 亥 卯 寅        子丑寅卯辰巳午
```

기토(己土) 일주(日主)가 해(亥)월에 태어나 실령(失令)했으니 시상(時上) 병화(丙火)가 용신(用神)이다. 화(火)가 용신(用神)이니 미용실을 차려 알차게 돈을 벌었다. 그러나 재물을 담을 그릇이 그리 크지 않아 작은 부자에 그쳤다.

3) 토성(土星) 용신(用神)

토(土)가 용신(用神)이면 부동산·중개업·분식업·정육점·토건업·운동선수·군인·안마사·산림·인쇄·외교·하숙·여관업·도예·골동품·극장·묘지·독서실·유통·땅장사·농업·목장·과수원 등이 실하다.

```
년 월 일 시
壬 庚 辛 戊        辛壬癸甲乙丙丁
子 戌 亥 子        亥子丑寅卯辰巳
```

신금(辛金) 일주(日主)가 술(戌)월에 태어나 득령(得令)했으나 사주에 수기(水氣)가 너무 많아 시상(時上) 무토(戊土)가 용신(用神)이다. 토(土)가 용신(用神)이니 토지와 인연이 깊다. 이 사람은 서울 변두리에서 농사를 지었는데 개발되면서 졸지에 부자가 되었다.

4) 금성(金星) 용신(用神)

금(金)이 용신(用神)이면 군인·무관·금은·시계·보석·기계·
공업·철물·조선소·자동차·중장비·보일러·총포상·침구업·
기원·철공업·금융업·공구상·카센터·기계수리 등이 길하다.

```
  년 월 일 시
  甲 丙 壬 庚        丁戊己庚辛壬癸
  寅 寅 辰 戌        卯辰巳午未申酉
```

임수(壬水) 일주(日主)가 인(寅)월에 태어나 설기가 심하니 시상
(時上) 경금(庚金)이 용신(用神)이다. 금(金)이 용신(用神)이니 철
물점으로 큰 돈을 벌었다. 그러나 일지(日支)에 진토(辰土)가 들고
시지(時支)에 술토(戌土)가 들어 진술(辰戌)이 상충(相沖)하니 불
리하고, 또 재성(財星)이 혼잡하니 아내가 몇 차례나 불륜으로 가
출하였다.

5) 수성(水星) 용신(用神)

수(水)가 용신(用神)이면 해운·선박·요식·식당·다방·목욕
탕·무역업·의사·약사·여관·식품·수도(水道)·술집·양어장
등이 길하다.

```
년 월 일 시
壬 乙 癸 戊        丙丁戊己庚辛壬
申 巳 巳 午        午未申酉戌亥子
```

계수(癸水) 일주(日主)가 사(巳)월에 태어나 실령(失令)했으니 년상(年上) 임수(壬水)가 용신(用神)인데 신금(辛金)에 통근(通根)하여 길하니 목욕탕으로 많은 돈을 벌었다. 그러나 일지(日支)에 사화(巳火)가 들고 재성(財星)이 기신(忌神)에 해당하여 여자문제와 재산문제가 많았다. 따라서 목욕탕으로 번 돈을 모두 탕진하였다.

5. 수명운

1) 장수 사주

```
년 월 일 시
壬 甲 丁 己        乙丙丁戊己庚辛
寅 辰 亥 酉        巳午未申酉戌亥
```

년상(年上) 임수(壬水)가 월간(月干) 갑목(甲木)을 생조하고, 갑목(甲木)은 정화일주(丁火日主)를 생조하고, 정화(丁火)는 다시 시상(時上) 기토(己土)를 생조하고, 기토(己土)는 다시 유금(酉金)을 생조히고, 유금(酉金)은 해수(亥水)를 생조하니 사주가 막힘없이 잘 흐른다. 생생불식(生生不息)이라 90세 넘게 살았다.

2) 단명 사주

```
년 월 일 시
甲 庚 丙 甲        己戊丁丙乙甲癸壬
戌 午 寅 午        巳辰卯寅丑子亥戌
```

병화일주(丙火日主)가 오(午)월에 태어나 인오술(寅午戌) 화국(火局)을 이루어 화기(火氣)가 태왕하다. 임계수(壬癸水)를 용신(用神)으로 삼아야 하는데 없으니 경금(庚金)을 쓴다. 원국에 없는 오행은 쓸 수 없기 때문이다. 원국에 일점 수기(水氣)가 없는 것이 큰 결점이고, 화기(火氣)가 태왕하니 단명을 면할 수 없었다.

3) 흉사 사주

```
년 월 일 시
丙 壬 辛 丁        癸甲乙丙丁戊己
戌 辰 卯 酉        巳午未申酉戌亥
```

본명은 지지(地支)에서는 진술상충(辰戌相沖) 묘유상충(卯酉相沖)으로 서로 싸우고, 천간(天干)에서는 병임상충(丙壬相沖) 신정

상충(辛丁沖)으로 서로 싸우니 사주가 온통 전쟁판이다. 따라서 파란만장하게 살더니 유부녀를 겁탈하다 맞아죽었다.

4) 사망시기

사망하는 시기는 사주 전체를 살펴 먼저 장수할 것인지, 단명할 것인지를 보아야 한다. 만일 장수할 사주라면 대운과 년운(年運)에서 기신(忌神)운을 보면 된다. 대개 년운(年運)이 기신(忌神)에 해당할 때 죽는 경우가 많다.

```
년 월 일 시
戊 戊 丁 乙        己庚辛壬癸甲乙丙
申 午 巳 巳        未申酉戌亥子丑寅
```

이 사람은 갑(甲) 대운 병오(丙午)년에 사망하였다. 즉 대운이 흉한 년운(年運)에 사망한 것이다.

6. 질병운

인생에서 건강만큼 중요한 것도 없는데 건강도 타고난다. 오행이 균형을 이루면 대개 건강하며 장수하나, 균형을 이루지 못하면 질병에 시달린다.

1. 무병 사주

사주가 오행을 모두 갖추어 균형을 이루면 평생 특별한 질병없이 장수한다.

```
년 월 일 시
戊 戊 己 壬          己庚辛壬癸甲乙丙
寅 午 酉 申          未申酉戌亥子丑寅
```

본명은 지지(地支)가 목생화(木生火) 화생토(火生土) 토생금(土生金) 금생수(金生水)로 상생으로 구성되었다. 오행을 모두 갖추어 무병장수하였다.

```
년 월 일 시
壬 戊 壬 乙          己庚辛壬癸甲乙丙
辰 申 寅 巳          酉戌亥子丑寅卯辰
```

임수일주(壬水日主)가 신(申)월에 태어나 득령(得令)하여 신강(身强)한데 을(乙) 인목(寅木)이 설기(泄氣)하여 무병장수하였다. 사주에서 오행이 균형을 이루면 특별한 질병없이 건강하게 장수한다. 그리고 오행이 조화를 이루면 길복은 많고 흉화는 별로 없다.

2. 병이 많은 사주

인생살이에서 질병만큼 무서운 것도 없으나 질병도 팔자에 타고 난다. 병이 많은 사람의 사주를 보면 오행이 상배하거나 기신(忌神)이 심장(深藏)하거나 상하가 상극(相剋)하는 경우가 많다.

1) 사주에서 오행(五行)이 상배(相背)하면 질병이 많다.

```
년 월 일 시
壬 丙 丙 丁        丁戊己庚辛壬癸甲
寅 午 戌 酉        未申酉戌亥子丑寅
```

병화일주(丙火日主)가 오(午)월에 태어나 득령(得令)하여 신강(身强)한데 인오술(寅午戌)이 화국(火局)을 이루어 불길이 태왕하다. 화기(火氣)를 억제하려면 년상(年上) 임수(壬水)가 용신(用神)인데 희신(喜神)인 시지(時支) 유금(酉金)과 너무 멀리 있다. 본명은 오행이 불순하며 상배하여 평생 여러 가지 병에 걸려 고생하였다.

2) 사주에서 기신(忌神)이 심장(深藏)하면 질병이 많다.

```
년 월 일 시
庚 壬 壬 丙        癸甲乙丙丁戊己庚
午 午 午 午        未申酉戌亥子丑寅
```

임수일주(壬水日主)가 오(午)월에 태어나 실령(失令)하여 신약(身弱)하다. 월상(月上)에 비견(比肩)이 있지만 태강한 불길 때문에 미약하고, 년상(年上) 경금(庚金)에 겨우 의지한다. 지지(地支)가 화기(火氣) 일색이니 기신(忌神)이 심장(深藏)하다. 따라서 평생 호흡기 질환으로 고생하였다.

3) 사주의 상하가 상극(相剋)하면 질병이 많다.

	년	월	일	시								
	庚	甲	己	庚		乙	丙	丁	戊	己	庚	辛	壬
	午	申	亥	午		酉	戌	亥	子	丑	寅	卯	辰

갑경(甲庚)이 상충(相沖)하고, 경오(庚午)가 상극(相剋)하고, 해오(亥午)가 상극(相剋)하니 지지(地支)와 천간(天干)이 모두 상극(相剋)이다. 또 좌우도 서로 싸우니 사주가 온통 전쟁터와 같다. 따라서 평생 여러 가지 질병으로 고생하였다.

3. 오행으로 본 질병

1) 사주에 목(木)이 너무 많으면 간담·신경·정신·두면 등에 질병이 따른다.

	년	월	일	시								
	辛	庚	己	丁		辛	壬	癸	甲	乙	丙	丁	戊
	卯	寅	卯	卯		卯	辰	巳	午	未	申	酉	戌

기토일주(己土日主)가 인(寅)월에 태어나 실령(失令)하여 신약(身弱)하니 용신(用神)은 시상(時上) 정화(丁火)다. 이 사람은 목기(木氣)가 너무 많아 평생 위산과다로 고생하였다.

2) 사주에 목(木)이 부족하면 간담·신경·정신·두면 등에 질병이 따른다.

년	월	일	시								
戊	庚	己	癸		辛	壬	癸	甲	乙	丙	丁	戊
寅	申	酉	酉		酉	戌	亥	子	丑	寅	卯	辰

기토일주(己土日主)가 신(申)월에 태어나 실령(失令)하여 신약(身弱)한데 년지(年支) 인목(寅木)이 인신상충(寅申相沖)되어 목기(木氣)가 허약하다. 따라서 간과 눈에 질벙이 따랐다.

3) 사주에 화(火)가 너무 많으면 심장·소장·안목·혈액 등에 질병이 따른다.

년	월	일	시								
丁	丙	己	壬		丁	戊	己	庚	辛	壬	癸	甲
巳	午	未	申		未	申	酉	戌	亥	子	丑	寅

기토일주(己土日主)가 오(午)월에 태어나 득령(得令)했는데 사오

미(巳午未) 화국(火局)을 이루니 화기(火氣)가 태왕하다. 이 사람은 화기(火氣)가 태과하여 심장병을 앓았다.

4) 사주에 화(火)가 부족하면 심장·소장·안목·혈액 등에 질병이 따른다.

```
년 월 일 시
辛 庚 己 癸        辛壬癸甲乙丙丁戊
丑 子 巳 酉        丑寅卯辰巳午未申
```

기토일주(己土日主)가 자(子)월에 태어나 실령(失令)하여 신약(身弱)한데 금수(金水)는 태왕하고 화기(火氣)는 미약하다. 일지(日支)에 사화(巳火)가 있지만 사유축합금(巳酉丑合金)하여 금(金)으로 변하였다. 이 사람은 화기(火氣)가 부족하여 심장과 안목에 병을 앓았다.

5) 사주에 토(土)가 너무 많으면 위장·비장·복부·피부 등에 질병이 따른다.

```
년 월 일 시
壬 丁 己 戊        戊己庚辛壬癸甲乙
申 未 巳 辰        申酉戌亥子丑寅卯
```

기토일주(己土日主)가 미(未)월에 태어나 득령(得令)하여 신강(身強)한데 무진(戊辰)시에 태어나 토기(土氣)가 태강하다. 본명은 토(土)가 태과하여 위장병과 피부병을 앓았다.

6) 사주에 토(土)가 부족하면 위장·비장·복부·피부 등에 질병이 따른다.

```
년 월 일 시
辛 庚 己 甲        辛壬癸甲乙丙丁戊
未 子 卯 子        丑寅卯辰巳午未申
```

기토일주(己土日主)가 자(子)월에 태어나 실령(失令)하여 신약(身弱)하니 용신(用神)은 년지(年支) 미토(未土)이고 화(火)는 희신(喜神)이다. 본명은 토(土)가 불급하여 비장과 복부에 병을 앓았다.

7) 사주에 금(金)이 너무 많으면 호흡·대장·근골·사지 등에 질병이 따른다.

```
년 월 일 시
戊 辛 庚 戊        辛壬癸甲乙丙丁戊
申 酉 戌 寅        戌亥子丑寅卯辰巳
```

경금일주(庚金日主)가 유(酉)월에 태어나 득령(得令)하여 신강(身強)한데 신유술(申酉戌)이 방합(方合)을 이루어 금기(金氣)가 태왕하다. 본명은 금(金)이 태과하여 호흡기와 대장에 질병을 앓았다.

8) 사주에 금(金)이 부족하면 호흡·대장·근골·사지 등에 질병이 따른다.

```
년  월  일  시
丙  庚  辛  庚          辛壬癸甲乙丙丁戊
寅  寅  卯  寅          丑寅卯辰巳午未申
```

신금일주(辛金日主)가 인(寅)월에 태어나 실령(失令)하여 신약(身弱)한데 목기(木氣)가 태왕하니 용신(用神)은 월상(月上) 경금(庚金)이다. 본명은 금(金)이 부족하여 관절과 사지에 병을 앓았다.

9) 사주에 수(水)가 너무 많으면 신장·방광·성기·하체 등에 질병이 따른다.

```
년  월  일  시
戊  甲  辛  庚    乙丙丁戊己庚辛壬
子  子  丑  寅    丑寅卯辰巳午未申
```

신금일주(辛金日主)가 자(子)월에 태어나 실령(失令)하여 신약(身弱)한데 수기(水氣)가 태왕하니 년상(年上) 무토(戊土)가 용신(用神)이다. 본명은 수(水)가 태과하여 신장과 방광에 병을 앓았다.

10) 사주에 수(水)가 부족하면 신장·방광·성기·하체 등에 질병이 따른다.

```
년  월  일  시
庚  壬  己  乙          癸甲乙丙丁戊己庚
午  午  未  亥          未申酉戌亥子丑寅
```

기토일주(己土日主)가 오(午)월에 태어나 득령(得令)하여 화기(火氣)가 많으니 신강(身强)하다. 많은 불길을 억제하려면 월상(月上) 인수(壬水)가 용신(用神)이다. 본명은 수(水)가 부족하여 성기와 하체에 병을 앓았다.

7. 성격운

1. 오행으로 본 성격

1) 목(木)
중화 : 목성(木星)이 중화를 이루면 인사하며 관대하고, 겸손하며

측은지심이 많고, 양보하는 미덕이 있다.

태과 : 목성(木星)이 태과하면 시기와 질투심이 많고, 인자하지 못
하며 만용을 잘 부리고, 자만하며 자한 경향이 많다.

불급 : 목성(木星)이 부족하면 소심하며 변덕이 많고, 생각이 부정
하며 친구사이를 이간하는 경향이 있다.

2) 화(火)

중화 : 화성(火星)이 중화를 이루면 예의범절을 중시하며 민속하
고, 명랑하며 겉을 꾸미는 것을 좋아한다.

태과 : 화성(火星)이 태과하면 조급하며 혈기를 자주 부리고, 혹독
하며 잔인하고, 일구이언하는 경향이 많다.

불급 : 화성(火星)이 부족하면 예의범절이 부족하며 사악한 지혜
가 많고, 결단력이 부족한 경향이 있다.

3) 토(土)

중화 : 토성(土星)이 중화를 이루면 신의가 중후하며 충효심이 강
하고, 약속을 중시하며 책임감이 강하다.

태과 : 토성(土星)이 태과하면 고집불통이며 현명하지 못하고, 고
지식하며 편견이 많고, 일방적이며 행동이 둔하다.

불급 : 토성(土星)이 부족하면 신의가 약하며 처사가 부당하고, 인
색하며 의심이 많고, 신용이 없는 경향이 많다.

4) 금(金)

중화 : 금성(金星)이 중화를 이루면 정의감이 강하며 용감하고, 결단력과 언행에 위엄이 있고, 명예를 중시하는 경향이 있다.

태과 : 금성(金星)이 태과하면 욕심과 살기가 넘치고, 살생을 좋아하며 잔인하고, 만용을 부리며 무모한 경향이 많다.

불급 : 금성(金星)이 부족하면 정의감과 결단력이 약하고, 소소한 일에 시비를 잘 걸며 협잡배가 되기 쉽다.

5) 수(水)

중화 : 수성(水星)이 중화를 이루면 총명하며 지혜가 많고, 판단이 정확하며 지덕을 겸비한다.

태과 : 수성(水星)이 태과하면 호색적이며 사악한 지혜가 많고, 식자우환의 경향이 많으니 아는 것이 병이 된다.

불급 : 수성(水星)이 부족하면 지혜와 용기가 부족하고, 반복이 무상하여 발전이 없으니 답답한 경향이 많다.

2. 용신(用神)으로 본 성격

① 비견(比肩)이 용신(用神)이면 온순하며 화평하고, 형제간에 우애가 좋다.

② 겁재(劫財)가 용신(用神)이면 솔직하며 정직하고, 친구간에 신의가 좋다.

③ 식신(食神)이 용신(用神)이면 온후하며 명랑하고 천진난만하다.

④ 상관(傷官)이 용신(用神)이면 자존심이 강하며 예민하다.

⑤ 편재(偏財)가 용신(用神)이면 민첩하며 재물에 대한 애착이 강하다.

⑥ 정재(正財)가 용신(用神)이면 정직하며 성실하고 근검절약한다.

⑦ 편관(偏官)이 용신(用神)이면 일도양단의 기질이 있고 의리가 강하다.

⑧ 정관(正官)이 용신(用神)이면 온후하며 독실하고 정의와 신용이 강하다.

⑨ 편인(偏印)이 용신(用神)이면 종횡무진하며 포용력과 도량이 넓다.

⑩ 인수(印綬)가 용신(用神)이면 총명하며 단정하고 인자하다.

성격은 종합적으로 판단해야 한다. 오행이 균형을 이루면서 청순하면 기세가 정대하고 군자의 도량을 지닌다. 그러나 사주가 편벽되고 혼탁하면 소인배 성격을 지닌다. 종격(從格)은 약간 다르게 판단한다. 화격(化格)은 지혜롭고, 종아격(從兒格)은 순진하고, 종강격(從强格)은 강건하고, 종재격(從財格)은 재물에 대한 애착이 많고, 종관살격(從官殺格)은 의타심이 많다.

8. 여명

여명을 볼 때는 먼저 남편에 해당하는 관살(官殺)과 자식에 해당하는 식상(食傷)의 유무를 살피고, 그 다음은 생화극제(生和剋制)를 살피고, 마지막으로 중화와 수복과 청순과 존귀 등을 살핀다.

1. 남편운

남편운은 위치로는 남명과 같이 일지(日支)를 보고, 육신(六神)으로는 정관(正官)은 남편, 편관(偏官)은 내연남이나 기둥서방에 해당한다.

1) 남편복 있는 사주

여명이 일지(日支)에 용신(用神)이 들면 남편복이 많다.

```
년  월  일  시
戊  丁  丙  丙        丙乙甲癸壬辛庚己
寅  巳  子  申        辰卯寅丑子亥戌酉
```

병화일주(丙火日主)가 사(巳)월에 태어나 득령(得令)하여 신강(身强)하다. 일지(日支) 자수(子水)가 용신(用神)이며 정관(正官)이니 남편복이 많았다. 남편은 인자하며 관대하여 백년해로하였다.

2) 남편복 없는 사주

```
년  월  일  시
辛  甲  庚  癸         乙丙丁戊己庚辛壬
巳  午  午  未         未申酉戌亥子丑寅
```

경금일주(庚金日主)가 오(午)월에 태어나 실령(失令)했으니 신약(身弱)하다. 지지(地支)에서 사오미(巳午未)가 방합(方合)하여 화국(火局)을 이루니 불길이 태왕하고, 일지(日支) 오화(午火)는 기신(忌神)에 해당하니 남편복이 없었다. 이 사람은 6번이나 결혼했으나 모두 실패하였다.

3) 남편을 극하는 사주

남편을 극하는 사주를 극부지명(剋夫之命)이라 하는데 독수공방하거나 부부간에 충돌이 많아 고독하게 산다. 용신(用神)이 파극(破剋)되거나, 관살(官殺)이 미약하거나, 관살(官殺)이 태왕하거나, 관살(官殺)이 혼잡하거나, 상관(傷官)이 태왕하면 대부분 극부지명(剋夫之命)이 된다.

```
년  월  일  시
辛  甲  丙  甲         乙丙丁戊己庚辛壬
酉  午  寅  午         未申酉戌亥子丑寅
```

본명은 병화일주(丙火日主)가 오(午)월에 태어나 득령(得令)하여 신강(身强)한데 사주에 관살(官殺)이 일점도 없으니 남편이 없는 사주다. 따라서 결혼했으나 남편이 일찍 죽었다. 그러나 년주(年柱) 신유금(辛酉金)은 재성(財星)이며 길하여 재물은 많이 모았다. 이런 사주를 돈 많은 과부팔자라 한다.

```
년 월 일 시
丁 壬 庚 庚        癸甲乙丙丁戊己庚
亥 子 子 辰        丑寅卯辰巳午未申
```

본명은 경금일주(庚金日主)가 자(子)월에 태어나 실령(失令)하여 신약(身弱)하다. 시지(時支) 진토(辰土)가 용신(用神)이나 자진합수(子辰合水)하여 허약하고, 남편을 나타내는 년상(年上) 정화(丁火)는 정관(正官)인데 미약하니 남편이 백수건달이 되었다. 일지(日支) 자수(子水)는 기신(忌神)에 해당하니 명조가 불리해졌다.

```
년 월 일 시
癸 戊 庚 辛        己庚辛壬癸甲乙丙
巳 午 午 巳        未申酉戌亥子丑寅
```

본명은 경금일주(庚金日主)가 오(午)월에 태어나 실령(失令)하여 신약(身弱)한데 관살(官殺)이 태왕하며 기신(忌神)에 해당하니 남편과 헤어졌다. 몇 번 재혼했으나 만나는 남자마다 백수건달이거나 폭력배거나 무능하였다. 일지(日支)에 기신(忌神)이 들었기 때문에 좋은 남자를 만날 수 없었던 것이다.

```
년 월 일 시
辛 丙 庚 庚          丁戊己庚辛壬癸
巳 申 子 辰          酉戌亥子丑寅卯
```

본명은 경금일주(庚金日主)가 신(申)월에 태어나 득령(得令)하여 신강(身强)하니 용신(用神)은 월상(月上) 병화(丙火)이고, 목(木)은 희신(喜神)이다. 그러나 월상(月上)의 병화(丙火) 편관(偏官)은 무근(無根)하여 무용지물이 되었다. 따라서 남편이 평생 제대로 된 직업을 갖지 못하였다.

```
년 월 일 시
辛 己 丙 己          庚辛壬癸甲乙丙丁
巳 亥 子 亥          子丑寅卯辰巳午未
```

본명은 병화일주(丙火日主)가 해(亥)월에 태어나 실령(失令)하여 신약(身弱)하다. 병화일주(丙火日主)는 일간(日干)이며 용신(用神)이다. 목화(木火)운은 길하고 금수(金水)운은 흉하다. 그러나 관살(官殺)이 혼잡하여 4번 결혼했으나 모두 이혼하였다.

년 월 일 시

辛 甲 乙 丙　　　乙丙丁戊己庚辛壬

巳 午 午 子　　　未申酉戌亥子丑寅

을목일주(乙木日主)가 오(午)월에 태어나 실령(失令)하여 신약(身弱)하니 용신(用神)은 시지(時支) 자수(子水)다. 사주에 상관(傷官)이 너무 많아 식극관(食剋官)하여 관살(官殺)을 억제하니 남편을 극하는 사주가 되었다. 상관(傷官)이 태왕하여 평생 남편과 원수처럼 살았던 것이다.

2. 결혼운

누구에게나 결혼은 인생에서 가장 큰 경사일 것이다. 그러나 결혼을 잘못하여 갈등이 많거나 별거나 이혼에 이르는 경우도 많다. 결혼은 용신(用神)이 드는 해나 일지(日支)에 합이 들 때 하면 좋은 배우사를 만난다.

1) 용신(用神)이 드는 해에 결혼하면 좋은 남편을 만난다.

년 월 일 시

乙 己 壬 己　　　戊丁丙乙甲癸壬辛

卯 卯 申 酉　　　寅丑子亥戌酉申未

임수일주(壬水日主)가 묘(卯)월에 태어나 신약(身弱)하고, 일지(日支) 신금(申金)이 용신(用神)이다. 정축(丁丑) 대운 임자(壬申)년에 좋은 신랑감을 만나 결혼하였다. 결혼은 용신(用神)이 드는 년운(年運)에 하면 좋은 배우자를 만난다.

2) 일지(日支)에 합이 들 때 결혼하면 좋은 남편을 만난다.

```
년 월 일 시
己 己 乙 丙          庚辛壬癸甲乙丙丁
未 巳 亥 子          午未申酉戌亥子丑
```

을목일주(乙木日主)가 사(巳)월에 태어나 실령(失令)하여 신약(身弱)한데 용신(用神)은 시지(時支) 자수(子水)다. 정묘(丁卯) 대운 무자(戊子)년에 해자축(亥子丑)이 방합(方合)을 이룰 때 결혼하여 행복하게 살았다. 일지(日支)에 합이 드는 시기에 결혼하면 비교적 좋은 배우자를 만난다.

3) 일지(日支)가 용신(用神)이면 좋은 남편을 만난다.

```
년 월 일 시
庚 己 丁 庚          戊丁丙乙甲癸壬辛
寅 卯 酉 子          寅丑子亥戌酉申未
```

정화일주(丁火日主)가 묘(卯)월에 태어나 신강(身强)하다. 목(木)이 많아 신강(身强) 사주가 되었으니 시상(時上) 경금(庚金)이 용신(用神)인데 일지(日支) 유금(酉金)에 통근(通根)하여 강하다. 이 사람은 일지(日支)에 용신(用神)이 들어 좋은 남편을 만나 다정하게 백년해로하였다.

4) 일지(日支)가 기신(忌神)이면 좋은 남편을 만나기 어렵다.

```
년 월 일 시
庚 己 丁 庚        戊丁丙乙甲癸壬辛
辰 卯 卯 子        寅丑子亥戌酉申未
```

앞의 사주와 비슷한데 일지(日支)와 년지(年支)가 반대다. 신강(身强)하니 시상(時上) 경금(庚金)이 용신(用神)인데 년지(年支) 진토(辰土)에 통근(通根)하였다. 그러나 일지(日支) 묘목(卯木)은 기신(忌神)이니 남편복이 없어 난폭하며 폭력적인 사람을 만났다.

5) 일지(日支)가 비겁(比劫)이면 친구 같은 남편을 만난다.

```
년 월 일 시
甲 壬 甲 戊        辛庚己戊丁丙乙甲
申 申 寅 辰        未午巳辰卯寅丑子
```

본명은 일지(日支)에 비견(比肩)이 들고 용신(用神)에 해당하여 학교 동창과 연애결혼하여 친구처럼 행복하게 잘 살았다. 일지(日支)에 비견(比肩)이 들고 용신(用神)에 해당하면 부부가 친구처럼 지낸다. 때문에 대부분이 학교 동창과 결혼하는 경우가 많다.

년	월	일	시								
甲	壬	甲	甲	辛	庚	己	戊	丁	丙	乙	甲
寅	申	寅	子	未	午	巳	辰	卯	寅	丑	子

본명은 일지(日支)에 비견(比肩)이 들고 기신(忌神)에 해당하니 남편과 동갑이지만 남편이 관대하지 않아 항상 대립하며 불행했다.

6) 일지(日支)가 식상(食傷)이면 자식 같은 남자를 만난다.

년	월	일	시								
戊	乙	丙	丁	甲	癸	壬	辛	庚	己	戊	丁
寅	卯	戌	酉	寅	丑	子	亥	戌	酉	申	未

본명은 일지(日支)가 식신(食神)에 해당하여 남편이 철없는 자식과 같았으나, 술토(戌土)가 희신(喜神)에 해당하여 애처가였다.

```
년  월  일  시
戊  己  丁  戊              甲癸壬辛庚己戊丁
午  未  未  申              寅丑子亥戌酉申未
```

　본명도 일지(日支) 미토(未土)가 식신(食神)이며 기신(忌神)에 해당하여 남편이 철이 없어 마음을 많이 상하게 하였다. 용신(用神)은 신(申) 임수(壬水)다.

7) 일지(日支)가 재성(財星)이면 사업가 남편을 만난다.

```
년  월  일  시
壬  丁  戊  庚              丙乙甲癸壬辛庚己
午  未  子  申              午巳辰卯寅丑子亥
```

　일지(口支) 사수(子水)가 용신(用神)이며 재성(財星)이니 훌륭한 사업가 남편을 만났다. 부부사이가 좋고 재물복도 많으며 백년해로하였다.

```
년  월  일  시
庚  丁  戊  庚              丙乙甲癸壬辛庚己
子  亥  子  申              午巳辰卯寅丑子亥
```

본명도 일지(日支)에 편재(偏財)가 들었으니 남편이 사업가였다. 그러나 일지(日支)가 기신(忌神)에 해당하니 부부간에 의견대립이 많았고, 남편이 바람둥이라 부부사이가 좋지 않았다.

8) 일지(日支)가 관성(官星)이면 공무원 남편을 만난다.

```
년 월 일 시
癸 癸 庚 庚        甲乙丙丁戊己庚辛
丑 亥 午 辰        子丑寅卯辰巳午未
```

경금일주(庚金日主)가 해(亥)월에 태어나 사주가 한습하니 열조한 오행이 필요하다. 따라서 일지(日支) 오화(午火)가 용신(用神)이다. 남편은 공무원이었고 부부사이도 좋았다.

```
년 월 일 시
癸 己 庚 丙        庚辛壬癸甲乙丙丁
巳 未 午 戌        申酉戌亥子丑寅卯
```

본명도 일지(日支)에 오화(午火)가 들어 남편이 공무원이었다. 그러나 일지(日支) 오화(午火)가 기신(忌神)에 해당하여 부부간에 갈등이 많았다. 용신(用神)이 열조하니 한습한 오행이 필요하여 년상(年上) 계수(癸水)가 용신(用神)이나 너무 약하다.

9) 일지(日支)가 인성(印星)이면 교육자 남편을 만난다.

```
년 월 일 시
戊 乙 壬 己          甲癸壬辛庚己戊丁
寅 卯 申 酉          寅丑子亥戌酉申未
```

 본명은 목기(木氣)가 많아 일지(日支) 신금(申金)이 용신(用神)인
데 편인(偏印)에 해당하여 남편이 교육자였다. 또 용신(用神)이니
남편은 부모처럼 인자하고 관대하여 부부사이가 좋았다.

```
년 월 일 시
癸 庚 壬 甲          辛壬癸甲乙丙丁戊
卯 申 申 辰          酉戌亥子丑寅卯辰
```

 본명도 일지(日支)가 편인(偏印)이라 남편이 교사였으나, 일지(日
支)가 기신(忌神)에 해당하니 부부사이가 나빴다. 그러나 용신(用
神)이 시상(時上) 갑목(甲木)이라 남편과는 갈등이 많았지만 자식
복이 많아 자식이 착하며 효심이 깊었다.

3. 자식운

 우리는 주위에서 자식을 낳지 못하거나 자식이 마음대로 되지 않
아 애를 태우는 사람들을 종종 본다. 여명에서는 시주(時柱)가 자

식궁이다. 시간(時干)은 딸, 시지(時支)는 아들로 보지만, 육신(六神)에서는 식신(食神)은 딸, 상관(傷官)은 아들로 본다.

1) 자식덕 있는 여명

```
년 월 일 시
乙 己 癸 庚        庚辛壬癸甲乙丙丁
亥 卯 未 申        辰巳午未申酉戌亥
```

본명은 해묘미(亥卯未)가 삼합(三合)하여 목기(木氣)가 태왕하다. 목기(木氣)를 억제해야 하니 금극목(金剋木)하는 금(金)이 용신(用神)인데 시상(時上)에 경금(庚金)이 투출(透出)하였다. 경금(庚金) 용신(用神)은 시지(時支) 신금(申金)에 의지하여 강하니 자식복이 있으나, 일지(日支) 미토(未土)는 해묘미(亥卯未) 목국(木局)으로 변하니 남편복이 없어 일찍 사별하였다. 말년에는 효심이 깊은 아들덕에 복을 누리며 장수하였다.

2) 자식덕 없는 여명

```
년 월 일 시
庚 己 癸 甲        戊丁丙乙甲癸壬辛
辰 卯 卯 寅        寅丑子亥戌酉申未
```

본명은 남편복도 없고 자식복도 없는 고약한 사주다. 인묘진(寅卯辰)이 방합(方合)하여 목기(木氣)가 태왕하니 기신(忌神)에 해당하고, 시주(時柱) 갑인(甲寅)도 기신(忌神)이니 성씨가 다른 자식들이 약속이나 한 것처럼 불효하였고, 본인도 부정하게 살았다.

4. 시부모와의 관계

시부모와의 관계도 인성(印星)과 월주(月柱)의 길흉으로 본다.

1) 인성(印星)이 길하면 고부사이가 좋다.

```
년 월 일 시
乙 壬 甲 己      癸甲乙丙丁戊己庚
巳 午 子 巳      未申酉戌亥子丑寅
```

본명은 임자(壬子) 인성(印星)이 용신(用神)에 해당하여 시부모와 사이가 좋았다.

2) 인성(印星)이 흉하면 고부사이가 나쁘다.

```
년 월 일 시
辛 辛 丙 辛      壬癸甲乙丙丁戊己
卯 卯 辰 卯      辰巳午未申酉戌亥
```

본명은 인성(印星)이 기신(忌神)에 해당하여 고부갈등이 많았다. 많은 목기(木氣)를 억제하려면 금(金)이 필요하니 년상(年上) 신금(辛金)이 용신(用神)이다.

3) 월주(月柱)가 길하면 고부사이가 좋다.

```
년 월 일 시
癸 丁 戊 癸        戊己庚辛壬癸甲乙
亥 巳 申 亥        午未申酉戌亥子丑
```

본명은 월주(月柱) 정사(丁巳)가 용신(用神)에 해당하여 고부사이가 좋았다.

4) 월주(月柱)가 흉하면 고부사이가 나쁘다.

```
년 월 일 시
丁 丙 壬 丁        丁戊己庚辛壬癸甲
卯 午 子 未        未申酉戌亥子丑寅
```

월지(月支) 병오(丙午)가 기신(忌神)에 해당하여 고부간에 갈등이 많았다. 그러나 일지(日支) 자수(子水)는 용신(用神)이라 부부사이는 좋았다.

5. 외모와 정숙과 음천

1) 사주가 중화되고 안정되면 정숙하며 미인이다.

```
년 월 일 시
癸 乙 丙 丁        丙丁戊己庚辛壬
亥 卯 辰 酉        辰巳午未申酉戌
```

본명은 사주가 중화되고 안정되며 또 생생불식(生生不息)한다. 즉 수생목(水生木) 목생화(木生火) 화생토(火生土) 토생금(土生金)하여 격을 잘 이루어 길복이 많았다. 정숙한 미인이었다.

2) 오행이 청순하면 정숙하며 미인이다.

```
년 월 일 시
辛 甲 己 壬        乙丙丁戊己庚辛壬
巳 午 亥 申        未申酉戌亥子丑寅
```

본명은 오행이 청순하고 맑아 정숙하며 미인이었다. 시상(時上) 임수(壬水)가 용신(用神)이고 금(金)은 희신(喜神)인데 일지(日支)에 해수(亥水)가 들어 남편복도 많았다.

3) 정신기(精神氣)가 균형을 이루면 정숙하며 미인이다.

```
년 월 일 시
癸 乙 壬 辛        丙丁戊己庚辛壬癸
巳 卯 申 亥        辰巳午未申酉戌亥
```

본명은 정(精)에 해당하는 신신(辛申)이 강하고, 기(氣)에 해당하는 임계해(壬癸亥)도 강하고, 신(神)에 해당하는 기묘사(己卯巳)도 강하다. 즉 정신기(精神氣)가 모두 강하며 균형을 이루어 정숙한 미인이었다.

4) 사주가 신왕재왕(身旺財旺)하면 정숙하며 미인이다.

```
년 월 일 시
辛 癸 丙 丙        甲乙丙丁戊己庚辛
巳 巳 申 申        午未申酉戌亥子丑
```

본명은 병화일주(丙火日主)가 사(巳)월에 태어나 득령(得令)하여 신강(身强)하고, 일지(日支)와 시지(時支) 신금(申金)은 재성(財星)인데 강하다. 따라서 남편복도 많았고 정숙하며 미인이었다.

5) 사주가 금수식상격(金水食傷格)이면 정숙하고 미인이다.


```
년 월 일 시
庚 戊 辛 乙        丁丙乙甲癸壬辛庚
午 子 亥 未        亥戌酉申未午巳辰
```


　본명은 신금일주(辛金日主)가 자(子)월에 태어나 금수식상격(金水食傷格)이 되었다. 따라서 월상(月上) 무토(戊土)가 용신(用神)이고 화(火)는 희신(喜神)이다. 금수식상격(金水食傷格)이라 정숙하며 미인이었다.

6) 사주에 식신(食神)이 왕성하면 미인이다.


```
년 월 일 시
己 庚 己 癸        辛壬癸甲乙丙丁戊
卯 午 酉 酉        未申酉戌亥子丑寅
```


　식신(食神)과 상관(傷官)은 일주(日主)의 기운을 설기(泄氣)시키는 육신(六神)이다. 기토일주(己土日主)에서 유금(酉金)은 식신(食神)인데 왕성하다. 따라서 뛰어난 미인이나 호색기질이 많았다.

7) 일지(日支)에 도화(桃花)가 들면 미인이나 호색적이다.

```
년 월 일 시
己 丁 乙 丙    戊己庚辛壬癸甲乙
亥 卯 酉 子    辰巳午未申酉戌亥
```

본명은 일지(日支) 유금(酉金)이 도화(桃花)에 해당하니 미인이나
음란하였다. 자오묘유(子午卯酉)는 도화살(桃花殺)이다.

8) 사주에 수화기제(水火旣濟)가 좋으면 정숙하며 미인이다.

```
년 월 일 시
丁 壬 甲 丙    癸甲乙丙丁戊己庚
巳 子 申 寅    丑寅卯辰巳午未申
```

수(水)도 강하고 화(火)도 강하니 수화기제(水火旣濟)가 잘 되어
정숙하며 미인이었다. 용신(用神)은 시상(時上)의 병화(丙火)다.

9) 일지(日支) 관살(官殺)이 합되면 미인이나 호색적이다.

```
년 월 일 시
丁 癸 甲 己         戊己庚辛壬癸甲乙
亥 卯 申 巳         辰巳午未申酉戌亥
```

본명은 일지(日支) 신금(申金)이 편관(偏官)인데 사신합수(申巳合水)하였다. 따라서 미인이었으나 호색기질이 강하였다. 용신(用神)은 일지(日支) 신금(申金)이다.

10) 일지(日支)에 관살(官殺)이 있으면 미인이나 호색적이다.

년	월	일	시								
癸	丁	丙	丙	戊	己	庚	辛	壬	癸	甲	乙
卯	巳	子	申	午	未	申	酉	戌	亥	子	丑

여명이 일지(日支)에 관살(官殺)이 들면 대개 미인이다. 일지(日支) 자수(子水)는 정관(正官)이므로 미인이나 호색적이었다.

11) 일간(日干)이 갑을(甲乙)이면 인자하며 미인이다.

년	월	일	시								
乙	己	乙	庚	庚	辛	壬	癸	甲	乙	丙	丁
亥	卯	酉	辰	辰	巳	午	未	申	酉	戌	亥

본명은 을목일주(乙木日主)인데다 일지(日支)에 관살(官殺)이 들어 외모가 매우 빼어났다. 용신(用神)은 시상(時上) 경금(庚金)이고 토(土)는 희신(喜神)이다.

12) 일주(日柱)가 왕성한데 관살(官殺)이 미약하면 음천하다.

```
년  월  일  시
乙  辛  戊  壬          壬癸甲乙丙丁戊己
酉  巳  午  戌          午未申酉戌亥子丑
```

무토일주(戊土日主)가 사(巳)월에 태어났고 일지(日支)에 오화(午火)가 들고 술(戌)시생이니 신강(身强)한데 년상(年上) 을목(乙木)이 무근(無根)하여 미약하다. 따라서 음란하며 천박하였다.

13) 일주(日柱)가 허약한데 식상(食傷)이 중첩되면 음천하다.

```
년  월  일  시
丁  癸  壬  癸          甲乙丙丁戊己庚辛
巳  卯  寅  卯          辰巳午未申酉戌亥
```

임수일주(壬水日主)가 묘(卯)월에 태어나 실령(失令)하여 신약(身弱)하다. 지지(地支)에 통근(通根)이 없어 일주(日柱)가 허약한데 식상(食傷)은 태왕하다. 따라서 중심이 없어 부화뇌동하였고, 음란하며 천박하였다.

14) 일주(日柱)가 허약한데 관살(官殺)이 태왕하면 음천하다.

```
년  월  일  시
癸  辛  乙  己     壬癸甲乙丙丁戊己
酉  酉  酉  卯     戌亥子丑寅卯辰巳
```

을목일주(乙木日主)가 유(酉)월에 태어나 실령(失令)하여 신약(身弱)한데 년월일지(年月日支)가 모두 유금(酉金)이라 관살(官殺)이 태왕하다. 따라서 이혼과 재혼을 여러 번 반복하였고, 음란하며 천박하게 살았다.

15) 일주(日柱)가 허약한데 관살(官殺)이 혼잡하면 음천하다.

```
년  월  일  시
癸  庚  甲  辛        辛壬癸甲乙丙丁戊
酉  申  辰  未        酉戌亥子丑寅卯辰
```

갑목일주(甲木日主)가 허약한데 월상(月上)에 편관(偏官) 경금(庚金)이 투간(透干)하고, 시상(時上)에 정관(正官) 신금(辛金)이 투간(透干)했으니 관살(官殺)이 혼잡하다. 신약(身弱)한데 관살(官殺)이 혼잡하니 음란하며 천박하였다.

16) 사주에 수기(水氣)가 태왕하면 음천하다.

```
년 월 일 시
丁 壬 壬 壬          癸甲乙丙丁戊己庚
丑 子 子 寅          丑寅卯辰巳午未申
```

축(丑)년 자(子)월 자(子)일생이니 수기(水氣)가 태왕하다. 사주에 수기(水氣)가 태왕하면 음란하며 천박한데 일찍 사창가로 들어가서 창녀생활을 하였다.

17) 지지(地支)에 합이 많으면 음천하다.

```
년 월 일 시
己 丙 丙 己          丁戊己庚辛壬癸甲
丑 子 寅 亥          丑寅卯辰巳午未申
```

본명은 자축(子丑)이 합토(合土)하고 인해(寅亥)가 합목(合木)하니 지지(地支)가 모두 합으로 구성되었다. 따라서 성욕이 너무 강하여 음란하며 천박하였다.

18) 도화살(桃花殺)이 왕강하면 음천하다.

```
년 월 일 시
丁 壬 丙 丁        癸甲乙丙丁戊己庚
卯 子 子 酉        丑寅卯辰巳午未申
```

자오묘유(子午卯酉)는 도화살(桃花殺)인데 지지(地支)에 3개나 들었다. 따라서 음란하며 천박하게 살았다.

9. 행운(行運)

1. 대운(大運)

명호불여운호(命好不女運好). 사주팔지 좋은 것은 행운(대운·년운·월운·일운)좋은 것만 못하다는 말이다. 즉 격국(格局)의 길선(吉善)보다 행운이 좋아야 길복이 많다는 뜻이다. 대운은 전체운에서 50% 이상 작용한다. 대운은 10년인데 천간(天干)을 5년 지지(地支)를 5년으로 보는 사람도 있고, 또 천간(天干)은 4년 지지(地支)는 6년으로 보는 사람도 있다. 지지(地支)는 천간(天干)보다 강하기 때문이다.

2. 년운(年運)

년운(年運)은 태세(太歲)라고도 하며 대운과 같이 참고하여 본다. 년운(年運)은 전체운에서 약 30% 이상 작용한다고 본다.

1) 비견(比肩)

吉 : 년운(年運)이 비견(比肩)에 해당하며 길하면 정신력이 강하며 성품이 온화하고, 독립심이 강하며 형제와 화합을 잘한다.

平 : 년운(年運)이 비견(比肩)에 해당하며 평운이면 정신이 안정되며 성품이 평범하고, 자립심은 반길이며 형제를 상봉한다.

凶 : 년운(年運)이 비견(比肩)에 해당하며 흉운이면 정신력이 약하며 난폭하고, 자립심이 부족하며 형제와 다툰다.

2) 겁재(劫財)

吉 : 년운(年運)이 겁재(劫財)에 해당하며 길운이면 몸과 마음이 건강하게 장수하고, 부부화합이 잘되며 동업하면 성공한다.

平 : 년운(年運)이 겁재(劫財)에 해당하며 평운이면 비교적 심신이 건강하고, 부부사이가 특별하게 좋지는 않으나 무난하고, 동업은 반길하며 재산을 보존한다.

凶 : 년운(年運)이 겁재(劫財)에 해당하며 흉운이면 이혼하거나 파가하여 이별하고, 부부불화가 심하다. 동업은 실패하여 유산을 탕진한다.

3) 식신(食神)

吉 : 년운(年運)이 식신(食神)에 해당하며 길운이면 지혜가 총명하고, 수복이 융성하며 부하와 인연이 좋고, 심신도 건강하다.

平 : 년운(年運)이 식신(食神)에 해당하며 평운이면 지혜는 보통이고, 수복은 건강하며 부하와 인연은 보통이고, 심신의 건강은 좋지는 않으나 나쁘지도 않으니 무난하다.

凶 : 년운(年運)이 식신(食神)에 해당하며 흉운이면 무지몽매하며 빈천하고, 부하가 배신하고, 병약하여 단명하기도 한다.

4) 상관(傷官)

吉 : 년운(年運)이 상관(傷官)에 해당하며 길운이면 자손이 번창하며 효도하고, 다재다능하며 의식주가 풍부하다.

平 : 년운(年運)이 상관(傷官)에 해당하며 평운이면 자수과 인연이 평범하고, 재능도 보통이다. 의식수는 크지 않으나 부족하시도 않다.

凶 : 년운(年運)이 상관(傷官)에 해당하며 흉운이면 자손이 멸문절가하거나 불효하고, 상사에게 반항하며 의식주가 곤란하다.

5) 편재(偏財)

吉 : 년운(年運)이 편재(偏財)에 해당하며 길운이면 재물이 충만하다. 미혼자는 복이 있는 처자와 인연이 있고, 기혼자는 부부간에 화합이 잘되고 길복과 영화가 따른다.

平 : 년운(年運)이 편재(偏財)에 해당하며 평운이면 재물이 풍족하
    지는 않으나 무난하고, 처첩의 인연도 좋아 부부사이가 무난
    하다.

凶 : 년운(年運)이 편재(偏財)에 해당하며 흉운이면 재물 고난이
    있고, 악처와 인연이 있어 부부불화가 있고 흉화가 계속된다.

6) 정재(正財)

吉 : 년운(年運)이 정재(正財)에 해당하며 길운이면 재물복이 계속
    되고, 정직하며 신용이 있어 성공한다. 애처와 인연이 있다.

平 : 년운(年運)이 정재(正財)에 해당하며 평운이면 재물이 풍족하
    지는 않으나 안정되고, 신용은 무난하며 처첩과 인연이 있다.

凶 : 년운(年運)이 정재(正財)에 해당하며 흉운이면 손재가 계속되
    고, 부정하며 가식적이다. 악녀와 인연이 있다.

7) 편관(偏官)

吉 : 년운(年運)이 편관(偏官)에 해당하며 길운이면 권세를 얻고
    승진하며 관운이 따르는 등 부귀영화가 있다. 그러나 남에게
    의지하려는 마음이 있다.

平 : 년운(年運)이 편관(偏官)에 해당하며 평운이면 부귀가 반길이
    고, 관운이 따르나 크지는 않고, 의타심이 있다.

凶 : 년운(年運)이 편관(偏官)에 해당하며 흉운이면 빈천하며 고전
    하고, 권세와 직업을 잃는다. 관운이 나쁘고 이기적이다.

8) 정관(正官)

吉 : 년운(年運)이 정관(正官)에 해당하며 길운이면 직업이 안정되고, 정직하며 진실하고 충효심이 있다. 여자는 관대한 남자를 만난다.

平 : 년운(年運)이 정관(正官)에 해당하며 평운이면 직업에 성실하며 정사(正邪)가 상반으로 일어나고, 충효심도 반길이다. 여명은 남자와 인연이 있다.

凶 : 년운(年運)이 정관(正官)에 해당하며 흉운이면 직업이 불안하고, 사람을 속여 재물을 취하며 불충불효하다. 여자는 악한 남편과 인연이 있다.

9) 편인(偏印)

吉 : 년운(年運)이 편인(偏印)에 해당하며 길운이면 온후히며 학문과 인연이 좋고, 상수하며 상사를 존경한다.

平 : 년운(年運)이 편인(偏印)에 해당하며 평운이면 심지는 비교적 안정되고, 학문과 상사의 인연은 보통이고, 건강하지는 않으나 질병은 없다.

凶 : 년운(年運)이 편인(偏印)에 해당하며 흉운이면 냉정하며 학문과 인연이 없고, 단명하거나 요절하며 상사와도 불화한다.

10) 정인(正印)

吉 : 년운(年運)이 정인(正印)에 해당하며 길운이면 명예운이 따르
　　고, 인자하며 박애정신이 강하고, 부모와 관계가 좋다.

平 : 년운(年運)이 정인(正印)에 해당하며 평운이면 명예운과 부모
　　운은 평범하고, 때로는 박애정신이 있으나 보통이다.

凶 : 년운(年運)이 정인(正印)에 해당하며 흉운이면 명예운이 불리
　　하고, 때로는 소인배의 심정이 있어 잔인하며 난폭하고, 부모
　　와도 관계도 좋지 않다.

3. 월운(月運)과 일운(日運)

　월운(月運)은 매달의 운을 말하는데 전체운에서 약 15% 정도 작
용한다고 본다. 그리고 일운(日運)은 일진(日辰)이라고도 하는데
매일의 운을 말하며, 전체운에서 약 5% 정도 작용한다고 본다.

음파메세지(氣) 성명학

신비한 동양철학 51

새로운 시대에 맞는 새로운 성명학

지금까지의 모든 성명학은 모순의 극치를 이루고 있다. 이제 새로운 시대에 맞는 음파메세지(氣) 성명학이 탄생했으니 차근차근 읽어보고 복을 계속 부르는 이름을 지어 사랑하는 자녀가 행복하고 아름다운 삶을 살아갈 수 있도록 하는데 도움이 되었으면 한다.

・청암 박재현 저

정법사주

신비한 동양철학 49

독학과 강의용 겸용의 책

이 책은 사주추명학을 연구하고자 하는 분들에게 심오한 주역의 이해를 돕고자 하는 의도에서 시작되었다. 음양오행의 상생상극에서부터 육친법과 신살법을 기초로 하여 격국과 용신 그리고 유년판단법을 활용하여 운명판단에 첩경이 될 수 있도록 했고, 추리응용과 운명감정의 실례를 하나 하나 들어가면서 독학과 강의용 겸용으로 엮었다.

・원각 김구현 저

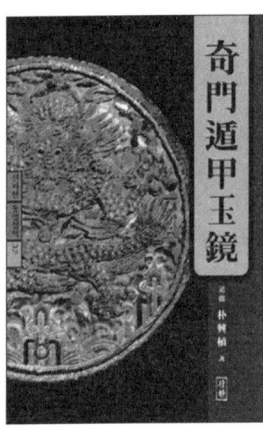

기문둔갑옥경

신비한 동양철학 32

가장 권위있고 우수한 학문!

우리나라의 기문역사는 장구하지만 상세한 문헌은 전무한 상태라 이 책을 발간하기로 했다. 기문둔갑은 천문지리는 물론 인사명리 등 제반사에 관한 길흉을 판단함에 있어서 가장 우수한 학문이며 병법과 법술방면으로도 특징과 장점이 있다. 초학자는 포국편을 열심히 익혀 설국을 자유자재로 할 수 있도록 하고 개인의 이익보다는 보국안민에 일조하기 바란다.

· 도관 박흥식 저

정본·관상과 손금

신비한 동양철학 42

바로 알고 사람을 사귑시다

이 책은 관상과 손금은 인생을 행복으로 이끌기 위해 있다는 관점에서 다루었다. 그야말로 관상과 손금의 혁명이라고 할 수 있을 것이다. 여러분도 관상과 손금을 통한 예지력으로 인생의 참주인이 되기 바란다. 용기를 불어넣어 주고 행복을 찾게 하는 것이 참다운 관상과 손금술이다. 이 책으로 미래의 좋은 예지력을 한번쯤 발휘해 보기 바란다. 이 책이 일상사에 고민하는 분들에게 해결방법을 제시해 줄 것이다.

· 지창룡 감수

조화원약 평주

신비한 동양철학 35

명리학의 정통교본!

이 책은 자평진전, 난강망, 명리정종, 적천수 등과 함께 명리학의 교본에 해당하는 것으로 중국 청나라 때 나온 난강망이라는 책을 서낙오 선생께서 설명을 붙인 것이다. 기존의 많은 책들이 격국과 용신으로 감정하는 것과는 달리 십간십이지와 음양오행을 각각 자연의 이치와 춘하추동의 사계절의 흐름에 대입하여 인간의 길흉화복을 알 수 있게 했다.

· 동하 정지호 편역

용의 혈·풍수지리 실기 100선

신비한 동양철학 30

실전에서 실감나게 적용하는 풍수지리의 길잡이!

이 책은 풍수지리 문헌인 조선조 고무엽(古務葉) 태구승(泰九升) 부집필(父輯筆)로 된 만두산법(巒頭山法), 채성우의 명산론(明山論), 금랑경(錦囊經) 등을 알기 쉬운 주제로 간추려 풍수지리의 길잡이가 되고자 했다. 그리고 인간의 뿌리와 한 사람의 고유한 이름의 중요성을 풍수지리와 연관하여 살펴보아야 하기 때문에 씨족의 시조와 본관, 작명론(作名論)을 같이 편집했다.

· 호산 윤재우 저

천직·사주팔자로 찾은 나의 직업

신비한 동양철학 34

역경없이 탄탄하게 성공할 수 있는 방법 !

잘 되겠지 하는 막연한 생각으로 의욕만 갖고 도전하는 것과 나에게 맞는 직종은 무엇이고 때는 언제인가를 알고 도전하는 것은 근본적으로 다르고, 결과 또한 다르다. 더구나 요즈음은 I.M.F.시대라 하여 모든 사람들이 정신까지 위축되어 생기를 잃어가고 있다. 이런 때 의욕만으로 팔자에도 없는 사업을 시작했다고 하자, 결과는 불을 보듯 뻔하다. 그러므로 이런 때일수록 침착과 냉정을 찾아 내 그릇부터 알고, 생활에 대처하는 지혜로움을 발휘해야 한다.

· 백우 김봉준 저

통변술해법

신비한 동양철학 ㉑

가닥가닥 풀어내는 역학의 비법 !

이 책은 역학에 대해 다 알면서도 밖으로 표출되지 않아 어려움을 겪는 사람들을 위한 실습서다. 특히 틀에 박힌 교과서적인 역술의 고정관념에서 벗어나, 한차원 높게 공부할 수 있도록 원리통달을 설명하는데 중점을 두었다. 실명감정과 이론강의라는 두 단락으로 나누어 역학의 진리를 설명했기 때문에 누구나 쉽게 이해할 수 있다. 역학계의 대가 김봉준 선생의 역서 「알기쉬운 해설·말하는 역학」의 후편이다.

· 백우 김봉준 저

주역육효 해설방법 上·下

신비한 동양철학 38

한 번만 읽으면 주역을 활용할 수 있는 책 !

이 책은 주역을 해설한 것으로, 될 수 있는 한 여러 가지 사설을 덧붙이지 않고 주역을 공부하고 활용하는데 필요한 요건만을 기록했다. 따라서 주역의 근원이나 하도낙서, 음양오행에 대해서도 많은 설명을 자제했다. 다만 누구나 이 책을 한 번 읽어서 주역을 이해하고 활용할 수 있도록 하는데 중점을 두었다.

· 원공선사 저

사주명리학 핵심

신비한 동양철학 ⑲

맥을 잡아야 모든 것이 보인다 !

이 책은 잡다한 설명을 배제하고 명리학자들에게 도움이 될 비법만을 모아 엮었기 때문에 초심자가 이해하기에는 다소 어려운 부분도 있겠지만 기초를 튼튼히 한 다음 정독한다면 충분히 이해할 것이다. 신살만 늘어놓으며 감정하는 사이비가 되지말기를 바란다.

· 도관 박흥식 저

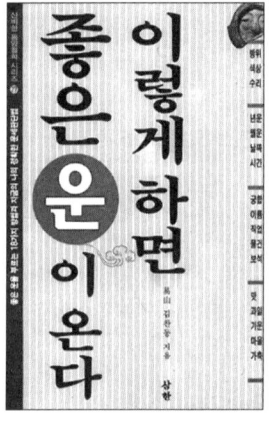

이렇게 하면 좋은 운이 온다

신비한 동양철학 ㉗

한 가정에 한 권씩 놓아두고 볼만한 책！

좋은 운을 부르는 방법은 방위 · 색상 · 수리 · 년운 · 월운 · 날짜 · 시간 · 궁합 · 이름 · 직업 · 물건 · 보석 · 맛 · 과일 · 기운 · 마을 · 가축 · 성격 등을 정확하게 파악하여 자신에게 길한 것은 취하고 흉한 것은 피하면 된다. 간혹 예외인 경우가 있지만 극소수에 불과하고 대부분은 적중하기 때문에 좋은 효과를 본다. 이 책의 저자는 신학대학을 졸업하고 역학계에 입문했다는 특별한 이력을 갖고 있기 때문에 더 많은 화제가 되고 있다.

· 역산 김찬동 저

말하는 역학

신비한 동양철학 ⑪

신수를 묻는 사람 앞에서 말문이 술술 열린다!

이 책은 그토록 어렵다는 사주통변술을 이해하기 쉽고 흥미롭게 고담과 덕담을 곁들여 사실적인 인물을 궁금해 하는 사람에게 생동감있게 통변하고 있다. 길흉작용을 어떻게 표현하느냐에 따라 상담자의 정곡을 찔러 핵심을 끄집어내고 여기에 대한 정답을 내려주는 것이 통변술이다. 역학계의 대가 김봉준 선생의 역작이다.

· 백우 김봉준 저

술술 읽다보면 통달하는 사주학

신비한 동양철학 ㉗

술술 읽다보면 나도 어느새 도사 !

당신은 당신 마음대로 모든 일이 이루어지던가. 지금까지 누구의 명령을 받지 않고 내 맘대로 살아왔다고, 운명 따위는 믿지도 않고 매달리지 않는다고, 이렇게 말하는 사람들이 많다. 그러나 그것은 우주법칙을 모르기 때문에 하는 소리다.

· 조철현 저

참역학은 이렇게 쉬운 것이다

신비한 동양철학 ㉔

음양오행의 이론으로 이루어진 참역학서 !

수학공식이 아무리 어렵다고 해도 1, 2, 3, 4, 5, 6, 7, 8, 9, 0의 10개의 숫자로 이루어졌듯이, 사주도 음양과 목, 화, 토, 금, 수의 오행으로 이루어졌을 뿐이다. 그러니 용신과 격국이라는 무거운 짐을 벗어버리고 음양오행의 법칙과 진리만 정확하게 파악하면 된다. 사주는 단지 음양오행의 변화일 뿐이고, 용신과 격국은 사주를 감정하는 한가지 방법에 지나지 않는다.

· 청암 박재현 저

나의 천운 운세찾기
● ●
신비한 동양철학 ⑫

놀랍다는 몽골정통 토정비결 !

이 책은 역학계의 대가 김봉준 선생이 놀랍다는 몽공토
정비결을 연구 ·분석하여 우리의 인습 및 체질에 맞게
엮은 것이다. 운의 흐름을 알리고자 호운과 쇠운을 강
조했으며, 현재의 나를 조명해보고 판단할 수 있도록
했다. 모쪼록 생활서나 안내서로 활용하기 바란다.

· 백우 김봉준 저

쉽게푼 역학
● ●
신비한 동양철학 ❷

쉽게 배워서 적용할 수 있는 생활역학서 !

이 책에서는 좀더 많은 사람들이 역학의 근본인 우주
의 오묘한 진리와 법칙을 깨달아 보다 나은 삶을 영위
하는데 도움이 될 수 있도록 가장 쉬운 언어와 가장 쉬
운 방법으로 풀이했다. 역학계의 대가 김봉준 선생의
역작이다.

· 백우 김봉준 저

이름이 운명을 바꾼다

신비한 동양철학 ㉕

이름은 제2의 자신이다 !

이름에는 각각 고유의 뜻과 기운이 있어서 그 기운이 성격을 만들고 그 성격이 운명을 만든다. 나쁜 이름은 부르면 부를수록 불행을 부르고 좋은 이름은 부르면 부를수록 행복을 부른다. 만일 이름이 거지 같다면 아무리 운세를 잘 만나도 밥을 좀더 많이 얻어 먹을 수 있을 뿐이다. 이 책의 저자는 신학대학을 졸업하고 역학계에 입문했다는 특별한 이력을 갖고 있기 때문에 더 많은 화제가 되고 있다.

· 역산 김찬동 저

작명해명

신비한 동양철학 ㉖

누구나 쉽게 배워서 활용할 수 있는 체계적인 작명법 !

일반적인 성명학으로는 알 수 없는 한자이름, 한글이름, 영문이름, 예명, 회사명, 상호, 상품명 등의 작명방법을 여러 사례를 들어 체계적으로 분석하여 누구나 쉽게 배워서 활용할 수 있도록 서술했다.

· 도관 박흥식 저

동양철학전문출판 삼한

관상오행

신비한 동양철학 ⑳

한국인의 특성에 맞는 관상법 !

좋은 관상인 것 같으나 실제로는 나쁘거나 좋은 관상이 아닌데도 잘 사는 사람이 왕왕있어 관상법 연구에 흥미를 잃는 경우가 있다. 이것은 중국의 관상법만을 익히고, 우리의 독특한 환경적인 특징을 소홀히 다루었기 때문이다. 이에 우리 한국인에게 알맞는 관상법을 연구하여 누구나 관상을 쉽게 알아보고 해석할 수 있도록 자세하게 풀어놓았다.

・송파 정상기 저

물상활용비법

신비한 동양철학 31

물상을 활용하여 오행의 흐름을 파악한다 !

이 책은 물상을 통하여 오행의 흐름을 파악하고, 운명을 감정하는 방법을 연구한 책이다. 추명학의 해법을 연구하고 운명을 추리하여 오행에서 분류되는 물질의 운명 줄거리를 물상의 기물로 나들이 하는 활용법을 주제로 했다. 팔자풀이 및 운명해설에 관한 명리감정법의 체계를 세우는데 목적을 두고 초점을 맞추었다.

・해주 이학성 저

운세십진법 · 本大路

신비한 동양철학 ❶

운명을 알고 대처하는 것은 현대인의 지혜다 !

타고난 운명은 분명히 있다. 그러니 자신의 운명을 알
고 대처한다면 비록 운명을 바꿀 수는 없지만 충분히
향상시킬 수 있다. 이것이 사주학을 알아야 하는 이유
다. 이 책에서는 자신이 타고난 숙명과 앞으로 펼쳐질
운명행로를 찾을 수 있도록 운명의 기초를 초연하게
설명하고 있다.

• 백우 김봉준 저

국운 · 나라의 운세

신비한 동양철학 ㉒

역으로 풀어본 우리나라의 운명과 방향 !

아무리 서구사상의 파고가 높다하기로 오천년을 한결
같이 가꾸며 살아온 백두의 혼이 와르르 무너지는 지
경에 왔어도 누구하나 입을 열어 말하는 사람이 없으
니 답답하다. IMF라는 특수한 상황에서 불확실한 내일
에 대한 해답을 이 책은 명쾌하게 제시하고 있다.

• 백우 김봉준

동양철학전문출판 **삼한**

명인재

신비한 동양철학 43

신기한 사주판단 비법 !

살(殺)의 활용방법을 완벽하게 제시하는 책!
이 책은 오행보다는 주로 살을 이용하는 비법이다. 시중에 나온 책들을 보면 살에 대해 설명은 많이 하면서도 실제 응용에서는 무시하고 있다. 이것은 살을 알면서도 응용할 줄 모르기 때문이다. 그러나 이 책에서는 살의 활용방법을 완전히 터득해, 어떤 살과 어떤 살이 합하면 어떻게 작용하는지를 자세하게 설명하고 있다.

· 원공선사 지음

사주학의 방정식

신비한 동양철학 18

가장 간편하고 실질적인 역서 !

이 책은 종전의 어려웠던 사주풀이의 응용과 한문을 쉬운 방법으로 터득할 수 있게 하는데 목적을 두었고, 역학의 내용이 어떤 것이며 무엇이 어디에 속하는지를 알고자 하는데 있다.

· 김용오 저

원토정비결

신비한 동양철학 53

반쪽으로만 전해오는 토정비결의 완전한 해설판

지금 시중에 나와 있는 토정비결에 대한 책들을 보면 옛날부터 내려오는 완전한 비결이 아니라 반쪽의 책이다. 그러나 반쪽이라고 말하는 사람이 없다. 그것은 주역의 원리를 모르기 때문이다. 따라서 늦은 감이 없지 않으나 앞으로의 수많은 세월을 생각하면서 완전한 해설본을 내놓기로 한 것이다.

· 원공선사 저

내가 보고 내가 바꾸는 DIY사주

신비한 동양철학 40

내가 보고 내가 바꾸는 사주비결 !

이 책은 기존의 책들과는 달리 한 사람의 사주를 체계적으로 도표화시켜 한 눈에 파악할 수 있고, DIY라는 책 제목에서 말하듯이 개운하는 방법을 제시하고 있다. 초심자는 물론 전문가도 자신의 이론을 새롭게 재조명해 볼 수 있는 케이스 스터디 북이다.

· 석오 전 광 지음

남사고의 마지막 예언

신비한 동양철학 29

이 책으로 격암유록에 대한 논란이 끝나기 바란다

감히 이 책을 21세기의 성경이라고 말한다. 〈격암유록〉은 섭리가 우리민족에게 준 위대한 복음서이며, 선물이며, 꿈이며, 인류의 희망이다. 이 책에서는 〈격암유록〉이 전하고자 하는 바를 주제별로 정리하여 문답식으로 풀어갔다. 이 책으로 〈격암유록〉에 대한 논란은 끝나기 바란다.

· 석정 박순용 저

진짜부적 가짜부적

신비한 동양철학 7

부적의 실체와 정확한 제작방법

인쇄부적에서 가짜부적에 이르기까지 많게는 몇백만원에 팔리고 있다는 보도를 종종 듣는다. 그러나 부적은 정확한 제작방법에 따라 자신의 용도에 맞게 스스로 만들어 사용하면 훨씬 더 좋은 효과를 얻을 수 있다. 이 책은 중국에서 정통부적을 연구한 국내유일의 동양오술학자가 밝힌 부적의 실체와 정확한 제작방법을 소개하고 있다.

· 오상익 저

한눈에 보는 손금

신비한 동양철학 52

논리정연하며 바로미터적인 지침서

이 책은 수상학의 연원을 초월해서 동서합일의 이론으로 집필했다. 그야말로 완벽하리만치 논리정연한 수상학을 정리한 것이다. 그래서 운명적, 철학적, 동양적, 심리학적인 면을 예증과 방편에 이르기까지 아주 상세하게 기술했다. 이 책은 수상학이라기 보다 한 인간의 바로미터적인 지침서 역할을 해줄 것이다. 독자 여러분의 꾸준한 연구와 더불어 인생성공의 지침서가 될 수 있을 것이다.

· 정도명 저

만세력 | 사륙배판·신국판 사륙판·포켓판

신비한 동양철학 45

찾기 쉬운 만세력

이 책은 완벽한 만세력으로 만세력 보는 방법을 자세하게 설명했다. 그리고 역학에 대한 기본적인 내용과 결혼하기 좋은 나이·좋은 날·좋은 시간, 아들·딸 태아감별법, 이사하기 좋은 날·좋은 방향 등을 부록으로 실었다.

· 백우 김봉준 저

동양철학전문출판 삼한

수명비결

신비한 동양철학 14

주민등록번호 13자로 숙명의 정체를 밝힌다

우리는 지금 무수히 많은 숫자의 거미줄에 매달려 허우적거리며 살아가고 있다. 1분 · 1초가 생사를 가름하고, 1등 · 2등이 인생을 좌우하며, 1급 · 2급이 신분을 구분하는 세상이다. 이 책은 수명리학으로 13자의 주민등록번호로 명예, 재산, 건강, 수명, 애정, 자녀운 등을 미리 읽어본다.

· 장충한 저

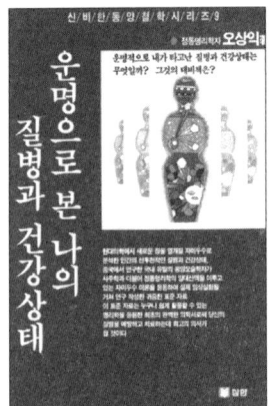

운명으로 본 나의 질병과 건강상태

신비한 동양철학 9

타고난 건강상태와 질병에 대한 대비책

이 책은 국내 유일의 동양오술학자가 사주학과 더불어 정통명리학의 양대산맥을 이루는 자미두수 이론으로 임상실험을 거쳐 작성한 표준자료다. 따라서 명리학을 응용한 최초의 완벽한 의학서로 질병을 예방하고 치료하는데 활용한다면 최고의 의사가 될 것이다. 또한 예방의학적인 차원에서 건강을 유지하는데 훌륭한 지침서로 현대의학의 새로운 장을 여는 계기가 될 것이다.

· 오상익 저

오행상극설과 진화론

신비한 동양철학 5

인간과 인생을 떠난 천리란 있을 수 없다

과학이 현대를 설정하여 설명하고 있으나 원리는 동양철학에도 있기에 그 양면을 밝히고자 노력했다. 우주에서 일어나는 모든 일을 과학으로 설명될 수는 없다. 비과학적이라고 하기보다는 과학이 따라오지 못한다고 설명하는 것이 더 솔직하고 옳은 표현일 것이다. 특히 과학분야에 종사하는 신의사가 저술했다는데 더 큰 화제가 되고 있다.

· 김태진 저

사주학의 활용법

신비한 동양철학 17

가장 실질적인 역학서

우리가 생소한 지방을 여행할 때 제대로 된 지도가 있다면 편리하고 큰 도움이 되듯이 역학이란 이와같은 인생의 길잡이다. 예측불허의 인생을 살아가는데 올바른 안내자나 그 무엇이 있다면 그 이상 마음 든든하고 큰 재산은 없을 것이다.

· 학선 류래웅 저

동양철학전문출판 삼한

쉽게 푼 주역

신비한 동양철학 10

귀신도 탄복한다는 주역을 쉽고 재미있게 풀어놓은 책

주역이라는 말 한마디면 귀신도 기겁을 하고 놀라 자빠진다는데, 운수와 일진이 문제가 될까. 8×8=64괘라는 주역을 한 괘에 23개씩의 회답으로 해설하여 1472괘의 신비한 해답을 수록했다. 당신이 당면한 문제라면 무엇이든 해결할 수 있는 열쇠가 이 한 권의 책 속에 있다.

• 정도명 저

핵심 관상과 손금

신비한 동양철학 54

사람을 볼 줄 아는 안목과 지혜를 알려주는 책

오늘과 내일을 예측할 수 없을만큼 복잡하게 펼쳐지는 현실에서 살아남기 위해서는 사람을 볼줄 아는 안목과 지혜가 필요하다. 시중에 관상학에 대한 책들이 많이 나와있지만 너무 형이상학적이라 전문가도 이해하기 어렵다. 이 책에서는 누구라도 쉽게 보고 이해할 수 있도록 핵심만을 파악해서 설명했다.

• 백우 김봉준 저

진짜궁합 가짜궁합

신비한 동양철학 8

남녀궁합의 새로운 충격

중국에서 연구한 국내유일의 동양오술학자가 우리나라 역술가들의 궁합법이 잘못되었다는 것을 학술적으로 분석·비평하고, 전적과 사례연구를 통하여 궁합의 실체와 타당성을 분석했다. 합리적인 「자미두수궁합법」과 「남녀궁합」 및 출생시간을 몰라 궁합을 못보는 사람들을 위하여 「지문으로 보는 궁합법」 등을 공개한다.

· 오상익 저

좋은꿈 나쁜꿈

신비한 동양철학 15

그날과 앞날의 모든 답이 여기 있다

개꿈이란 없다. 꿈은 반드시 미래를 예언한다. 이 책은 프로이드의 정신분석학적인 입장이 아닌 미래판단의 근거에 입각한 예언적인 해몽학이다. 여러 형태의 꿈을 체계적으로 정리했으니 올바른 해몽법으로 앞날을 지혜롭게 대처해 보자. 모쪼록 각 가정에서 한 권씩 두고 이용하면 생활하는데 많은 도움이 될 것이다.

· 학선 류래웅 저

완벽 만세력

신비한 동양철학 58

착각하기 쉬운 썸머타임 2도 인쇄

시중에 많은 종류의 만세력이 나와있지만 이 책은 단순한 만세력이 아니라 완벽한 만세경전으로 만세력 보는 법 등을 실었기 때문에 처음 대하는 사람이라도 쉽게 볼 수 있도록 편집되었다. 또한 부록편에는 사주명리학, 신살종합해설, 결혼과 이사택일 및 이사방향, 길흉보는 법, 우주천기와 한국의 역사 등을 수록했다.

· 백우 김봉준 저

주역·토정비결

신비한 동양철학 40

토정비결의 놀라운 비결

지금 시중에 나와 있는 토정비결에 대한 책들을 보면 옛날부터 내려오는 완전한 비결이 아니라 반쪽의 책이다. 그러나 반쪽이라고 말하는 사람이 없다. 그것은 주역의 원리를 모르기 때문이다. 따라서 늦은 감이 없지 않으나 앞으로의 수많은 세월을 생각하면서 완전한 해설본을 내놓기로 했다.

· 원공선사 저

현장 지리풍수

신비한 동양철학 48

현장감을 살린 지리풍수법

풍수를 업으로 삼는 사람들이 진(眞)과 가(假)를 분별할 줄 모르면서 24산의 포태사묘의 법을 익히고는 많은 법을 알았다고 자부하며 뽐내고 있다. 그리고는 재물에 눈이 어두워 불길한 산을 길하다 하고, 선하지 못한 물(水)을 선하다 하면서 죄를 범하고 있다. 이는 분수 밖의 것을 망녕되게 바라기 때문이다. 마음 가짐을 바로하고 고대 원전에 공력을 바치면서 산간을 실사하며 적공을 쏟으면 정교롭고 세밀한 경지를 얻을 수 있을 것이다.

· 전항수 · 주관장 편저

완벽 사주와 관상

신비한 동양철학 55

사주와 관상의 핵심을 한 권에

자연과 인간, 음양(陰陽)오행과 인간, 사계와 절후, 인상(人相)과 자연, 신(神)들의 이야기 등등 우리들의 삶과 관계되는 사실적 관계로만 역(易)을 설명해 누구나 쉽게 이해할 수 있도록 썼으며 특히 역(易)에 대한 관심과 흥미를 갖게 하고자 인상학(人相學)을 추록했다. 여기에 추록된 인상학(人相學)은 시중에서 흔하게 볼 수 있는 상법(相法)이 아니라 생활상법(生活相法) 즉 삶의 지식과 상식을 드리고자 했으니 생활에 유익힘이 있기를 바란다.

· 김봉준 · 유오준 공저

동양철학전문출판 **삼한**

해몽 · 해몽법

신비한 동양철학 50

해몽법을 알기 쉽게 설명한 책

인생은 꿈이 예지한 시간적 한계에서 점점 소멸되어 가는 현존물이기 때문에 반드시 꿈의 뜻을 따라야 한다. 이것은 꿈을 먹고 살아가는 인간 즉 태몽의 끝장면인 죽음을 향해 달려가고 있는 인간이기 때문이다. 꿈은 우리의 삶을 이끌어가는 이정표와도 같기에 똑바로 가도록 노력해야 한다.

· 김종일 저

역점

신비한 동양철학 57

우리나라 전통 행운찾기

주역을 무조건 미신으로 치부해버리는 생각은 버려야 한다. 주역이 점치는 책에만 불과했다면 벌써 그 존재가 없어졌을 것이다. 그러나 오랫동안 많은 학자가 연구를 계속해왔고, 그 속에서 자연과학과 형이상학적인 우주론과 인생론을 밝혀, 정치 · 경제 · 사회 등 여러 방면에서 인간의 생활에 응용해왔고, 삶의 지침서로써 그 역할을 했다. 이 책은 한 번만 읽으면 누구나 역점가가 될 수 있으니 생활에 도움이 되길 바란다.

· 문명상 편저

명리학연구

신비한 동양철학 59

체계적인 명확한 이론

이 책은 명리학 연구에 핵심적인 내용만을 모아 하나의 독립된 장을 만들었다. 명리학은 분야가 넓어 공부를 하다보면 주변에 머무르는 경우가 많아, 주요 내용을 잃고 헤매는 경우가 많다. 그러므로 뼈대를 잡는 것이 중요한데, 여기서는 「17장. 명리대요」에 핵심 내용만을 모아 학문의 체계를 잡는데 용이하게 하였다.

· 권중주 저

쉽게 푼 풍수

신비한 동양철학 60

현장에서 활용하는 풍수지리법

산도는 매우 광범위하고, 현장에서 알아보기 힘들다. 더구나 지금은 수목이 울창해 소조산 정상에 올라가도 나무에 가려 국세를 파악하는데 애를 먹는다. 그러므로 사진을 첨부하니 많은 도움이 되길 바란다. 물론 결록에 있고 산도가 눈에 익은 것은 혈 사진과 함께 소개하니 참고하기 바란다. 이 책을 열심히 정독하면서 답산하면 혈을 알아보고 용산도 할 수 있을 것이다.

· 전항수 · 주장관 편저

동양철학전문출판 **삼한**

올바른 작명법

신비한 동양철학 61

세상의 부모들에게 가장 소중한 것이 무엇이냐고 물으면 누구든 자녀라고 할 것이다. 그런데 왜 평생을 좌우할 이름을 함부로 짓는가. 이름이 얼마나 소중한지를. 이름의 오행작용이 사람의 일생을 어떻게 좌우하는지를 모르기 때문이다. 세상만물은 음양오행의 영향을 받지 않는 것이 없다. 봄이 가면 여름이 오고, 여름이 가면 가을이 오고, 가을이 가면 겨울이 오고, 겨울이 가면 봄이 오는 것 또한 음양오행의 원리다.

· 이정재 저

신수대전

신비한 동양철학 62

흉함을 피하고 길함을 부르는 방법

신수를 보는 방법은 여러 가지가 있는데 대부분이 주역과 사주추명학에 근거를 둔다. 수많은 학설 중에서 몇 가지를 보면 사주명리, 자미두수, 관상, 점성학, 구성학, 육효, 토정비결, 매화역수, 대정수, 초씨역림, 황극책수, 하락리수, 범위수, 월영도, 현무발서, 철판신수, 육임신과, 기문둔갑, 태을신수 등이다. 역학에 정통한 고사가 아니면 제대로 추단하기 어려운데 엉터리 술사들이 넘쳐난다. 그래서 누구나 자신의 신수를 볼 수 있도록 몇 가지를 정리했다.

· 도관 박흥식

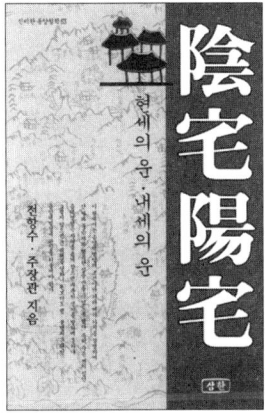

음택양택

신비한 동양철학 63
현세의 운·내세의 운

이 책에서는 음양택명당의 조건이나 기타 여러 가지를 설명하여 산 자와 죽은 자의 행복한 집을 만들 수 있도록 했다. 특히 죽은 자의 집인 음택명당은 자리를 옳게 잡으면 꾸준히 생기를 발하여 흥하나, 그렇지 않으면 큰 피해를 당하니 돈보다도 행·불행의 근원인 음양택명당에 관심을 기울여야 한다.

· 전항수·주장관 지음

이런 집에 살아야 잘 풀린다

신비한 동양철학 64
운이 트이는 좋은 집 알아보는 비결

힘든 상황에서 내 가족이 지혜롭게 대처하고 건강을 지켜주는, 한마디로 운이 트이는 집은 모두의 꿈일 것이다. 가족이 평온하게 생활할 수 있는 집, 나가서는 발전을 가져다 줄 수 있는 그런 집이 있다면 얼마나 좋을까? 그런 소망에 한 걸음이라도 가까워지려면 막연하게 운만 기대해서는 안 된다. '호랑이를 잡으려면 호랑이 굴로 들어가라'는 속담이 있듯이 좋은 집을 가지려면 그만한 노력이 있어야 한다.

· 강현술·박홍식 감수

사주에 모든 길이 있다

신비한 동양철학 65

사주를 간명하는데 조금이라도 도움이 되었으면 하는 바람에서 이 책을 쓰게 되었다. 간명의 근간인 오행의 왕쇠강약을 세분해서 설명했다. 그리고 대운과 세운, 세운과 월운의 연관성과, 십신과 여러 살이 운명에 미치는 암시와, 십이운성으로 세운을 판단하는 방법을 설명했다.

· 정담 선사 편저

사주학

신비한 동양철학 66

5대 원서의 핵심과 실용

이 책은 사주학을 체계적으로 공부하려는 학도들을 위해 꼭 알아야 할 내용과 용어를 수록하는데 중점을 두었다. 이 학문을 공부하려고 찾아온 사람들에게 여러 가지 질문을 던져보면 거의 기초지식이 시원치 않다. 그런 상태로 사주를 읽으려니 제대로 될 리가 없다. 이 책으로 용어와 제반지식을 터득하면 빠른 시일에 소기의 목적을 이룰 수 있을 것이다.

· 글갈 정대엽 저

주역 기본원리

신비한 동양철학 67

주역의 기본원리를 통달할 수 있는 책

이 책에서는 기본괘와 변화와 기본괘가 어떤 괘로 변했을 경우 일어날 수 있는 내용들을 설명하여 주역의 변화에 대한 이해를 돕는데 주력하였다. 그러나 그런 내용을 구분할 수 있는 방법을 전부 다 설명할 수는 없기에 뒷장에 간단하게설명하였고, 다른 책들과 설명의 차이점도 기록하였으니 참작하여 본다면 조금이나마 도움이 될 것이다.

· 원공선사 편저

사주특강

신비한 동양철학 68

자평진전과 적천수의 재해석

이 책은 『자평진전(子平眞詮)』과 『적천수(滴天髓)』를 근간으로 명리학(命理學)의 폭넓은 가치를 인식하고, 실전에서 유용한 기반을 다지는데 중점을 두고 썼다. 일찍이 『자평진전(子平眞詮)』을 교과서로 삼고, 『적천수(滴天髓)』로 보완하라는 서낙오(徐樂吾)의 말에 깊이 공감한다.

청월 박상의 편저

동양철학전문출판 **삼한**

복을 부르는방법

신비한 동양철학 69

나쁜 운을 좋은 운으로 바꾸는 비결

개운하는 방법은 여러 가지가 있으나, 이 책의 비법은 축원문을 독송하는 것이다. 독송이란 소리내 읽는다는 뜻이다. 사람의 말에는 기운이 있는데, 이 기운은 자신에게 돌아온다. 좋은 말을 하면 좋은 기운이 돌아오고, 나쁜 말을 하면 나쁜 기운이 돌아온다. 이 책은 누구나 어디서나 쉽게 비용을 들이지 않고 좋은 운을 부를 수 있는 방법을 실었다.

· 역산 김찬동 편저

인터뷰 사주학

신비한 동양철학 70

쉽고 재미있는 인터뷰 사주학

얼마전까지만 해도 사주학을 취급하는 사람들은 미신을 다루는 부류로 취급되었다. 그러나 지금은 하루가 다르게 이 학문을 공부하는 사람들이 폭증하고 있는 것으로 보인다. 젊은 층에서 사주카페니 사주방이니 사주동아리니 하는 것들이 만들어지고 그 모임이 활발하게 움직이고 있다는 점이 그것을 증명해준다. 그뿐 아니라 대학원에는 역학교수들이 점차로 증가하고 있다.

· 글갈 정대엽 편저

육효대전

신비한 동양철학 37

정확한 해설과 다양한 활용법

동양의 고전 중에서도 가장 대표적인 것이 주역이다. 주역은 옛사람들이 자연의 법칙을 거울삼아 인간이 생활을 영위해 나가는 처세에 관한 지혜를 무한히 내포하고, 피흉추길하는 얼과 슬기가 함축된 점서)인 동시에 수양·과학서요 철학·종교서라고 할 수 있다.

· 도관 박흥식 편저

사람을 보는 지혜

신비한 동양철학 73

관상학의 초보에서 완성까지

현자는 하늘이 준 명을 알고 있기에 부귀에 연연하지 않는다. 사람은 마음을 다스리는 심명이 있다. 마음의 명은 자신만이 소통하는 유일한 우주의 무형의 에너지이기 때문에 잠시도 잊으면 안된다. 관상학은 사람의 상으로 이런 마음을 살피는 학문이니 잘 이해하여 보다 나은 삶을 삶을 영위할 수 있도록 노력해야 한다.

· 이부길 편저

동양철학전문출판 **삼한**

명리학 | 재미있는 우리사주

신비한 동양철학 74

사주 세우는 방법부터 용어해설 까지!!

몇 년 전 『사주에 모든 길이 있다』가 나온 후 선배 제현들께서 알찬 내용의 책다운 책을 접했다면서 매월 한 번만이라도 참 역학의 발전을 위하여 학술세미나를 열자는 제의를 받았다. 그러나 사주의 작성법을 설명하지 않아 독자들에게 많은 질타를 받고 뒤늦게 이 책을 출판하기로 결심했다. 이 책은 한글만 알면 누구나 역학과 가까워질 수 있도록 사주 세우는 방법부터 실제 간명, 용어해설에 이르기까지 분야별로 엮었다.

· 정담 선사 편저

성명학 | 바로 이 이름

신비한 동양철학 75

사주의 운기와 조화를 고려한 이름짓기

사람은 누구나 타고난 운명, 즉 숙명이라는 것이 있다. 숙명인 사주팔자는 선천운이고, 성명은 후천운이 되는 것으로 이름을 지을 때는 타고난 운기와의 조화를 고려함이 중요하다. 따라서 역학에 대한 깊은 이해가 선행되어야 함은 지극히 당연한 일이다. 부연하면 작명의 근본은 타고난 사주에 운기를 종합적으로 분석하여 부족한 점을 보강하고 결점을 개선한다는 큰 뜻이 있다고 할 수 있다.

· 정담 선사 편저

운을 잡으세요 | 개운비법

신비한 동양철학 76

염력강화로 삶의 문제를 해결한다!

염력(念力)이 강한 사람은 운명을 개척하며 행복하게 살고, 염력이 약한 사람은 운명의 노예가 되어 불행하게 살아간다. 때문에 행복과 불행은 누가 주는 것이 아니라 자기 자신이 만든다고 할 수 있다. 한 마디로 말해 의지의 힘, 즉 염력이 운명을 바꾸는 것이다. 이 책에서는 이러한 염력을 강화시켜 삶에서 일어나는 문제를 해결하는 방법을 알려준다. 누구나 가벼운 마음으로 읽고 실천한다면 반드시 목적을 이룰 수 있을 것이다.

· 역산 김찬동 편저

작명정론

신비한 동양철학 77

이름으로 보는 역대 대통령이 나오는 이치

사주팔자가 네 기둥으로 세워진 집이라면 이름은 그 집을 대표하는 문패라고 할 수 있다. 사람은 태어나면서 사주를 통해 운을 타고나고 이름이 주어진 순간부터 명(命)이 작용한다. 사주와 이름이 곧 운명을 결정한다는 것이다. 따라서 이름을 지을 때는 사주의 격에 맞추어야 한다. 사주 그릇이 작은 사람이 원대한 뜻의 이름을 쓰면 감당하지 못할 시련을 자초하게 되고 오히려 이름값을 못할 수 있다. 즉 분수에 맞는 이름으로 작명해야 하기 때문에 사주의 올바른 분석이 필요하다.

· 청월 박상의 편저

동양철학전문출판 **삼한**

원심수기 통증예방 관리비법

신비한 동양철학 78

쉽게 배워 적용할 수 있는 통증관리법

이 책을 세상에 내놓는 것은 우리 전통 민중의술도 세상의 그 어떤 의술에 못지 않게 아주 훌륭한 치료술이 있고 그 전통이 수백 년, 또는 수천 년을 내려오면서 전해지고 있는데 현재 사회를 보면 무조건 외국에서 들어온 것만이 최고라고 하는 식으로 하여 우리의 전통 민중의술을 뿌리째 버리려고 하는데 문제가 있는 것 같기에 우리것을 지키고자 하는데 그 첫째의 목적이 있다 할 수 있을 것이다.

· 원공 선사 저

사주비기

신비한 동양철학 79

역학으로 보는 대통령이 나오는 이치 ! !

이 책에서는 고서의 이론을 근간으로 하여 근대의 사주들을 임상하여, 적중도에 의구심이 가는 이론들은 과감하게 탈피하고 통용될 수 있는 이론만을 수용했다. 따라서 기존 역학서의 아쉬운 부분들을 충족시키며 일반인도 열정만 있으면 누구나 자신의 운명을 감정하고 피흉취길할 수 있는 생활지침서로 활용할 수 있을 것이다.

청월 박상의 편저

찾기 쉬운 명당

신비한 동양철학 44

풍수지리의 모든 것 !

이 책은 가능하면 쉽게 풀려고 노력했고, 실전에 도움이 되도록 했다. 특히 풍수지리에서 방향측정에 필수인 패철(佩鐵)사용과 나경(羅經) 9층을 각 층별로 간추려 설명했다. 그리고 이 책에 수록된 도설, 즉 오성도, 명산도, 명당 형세도 내거수 명당도, 지각(枝脚)형세도, 용의 과협출맥도, 사대혈형(穴形)와겸유돌(窩鉗乳突)형세도 등은 국립중앙도서관에 소장된 문헌자료인 만산도단, 만산영도, 이석당 은민산도의 원본을 참조했다.

· 호산 윤재우 저

명리입문

신비한 동양철학 41

명리학의 필독서 !

이 책은 자연의 기후변화에 의한 운명법 외에 명리학도들이 궁금해 했던 인생의 제반사들에 대해서도 상세하게 기술했다. 따라서 초보자부터 심도있게 공부한 사람들까지 세심히 읽고 숙독해야 하는 책이다. 특히 격국이나 용신뿐 아니라 십신에 대한 자세한 설명, 조후용신에 대한 보충설명, 인간의 제반사에 대해서는 독보적인 해설이 들어 있다. 초보자들에게는 더할 수 없이 훌륭한 길잡이가 될 것이다.

· 봉하 정지호 편역

동양철학전문출판 **삼한**

육효점 정론

신비한 동양철학 80

육효학의 정수!

이 책은 주역의 원전소개와 상수역법의 꽃으로 발전한 경방학을 같이 실어 독자들의 호기심을 충족시키는데 중점을 두었습니다. 주역의 원전으로 인화의 처세술을 터득하고, 어떤 사안의 답은 육효법을 탐독하여 찾으시기 바랍니다.

· 효명 최인영 편역

작명 백과사전

신비한 동양철학 81

36가지 이름짓는 방법과 선후천 역상법 수록

이름은 나를 대표하는 생명체이므로 몸은 세상을 떠날지라도 영원히 남는다. 성명운의 유도력은 후천적으로 가공 인수되는 후천적 수기로써 조성 운화되는 작용력이 있다. 선천수기의 운기력이 50%이면 후천수기도의 운기력도 50%이다. 이와 같이 성명운의 작용은 운로에 불가결한조건일 뿐 아니라, 선천명운의 범위에서 기능을 충분히 할 수 있다.

· 임삼업 편저 | 송충석 감수

사주대성

신비한 동양철학 33

초보에서 완성까지

이 책은 과거 현재 미래를 모두 알 수 있는 비결을 실었다. 그러나 모두 터득한다는 것은 어려울 것이다.역학은 수천 년간 동방의 석학들에 의해 갈고 닦은 철학이요 학문이며, 정신문화로서 영과학적인 상수문화로서 자랑할만한 위대한 학문이다.

· 도관 박흥식 저

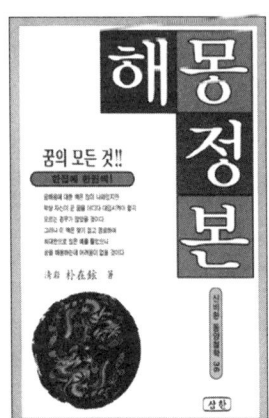

해몽정본

신비한 동양철학 36

꿈의 모든 것 !

막상 꿈해몽을 하려고 하면 내가 꾼 꿈을 어디다 대입시켜야 할지 모를 경우가 많았을 것이다. 그러나 이 책은 찾기 쉽고, 명료하며, 최대한으로 많은 갖가지 예를 들었으니 꿈해몽을 하는데 어려움이 없을 것이다.

· 청암 박재현 저

적천수 정설

신비한 동양철학 82

적천수 원문을 쉽고 자세하게 해설

적천수(滴天髓)는 명나라 개국공신인 유백온(劉伯溫) 선생이 처음으로 저술한 후 여러 사람이 각각 자신의 주장을 내세워 해설하여 오늘날에는 많은 분량이 되었다. 그러나 원래 유백온(劉伯溫) 선생이 저술한 적천수(滴天髓)의 원문은 내용이 그렇게 많지가 않다. 저자는 적천수(滴天髓) 원문을 보고 30년 역학(易學)의 경험을 총동원하여 감히 해설해 보았다.

• 역산 김찬동 편역

궁통보감 정설

신비한 동양철학 83

궁통보감 원문을 쉽고 자세하게 해설

『궁통보감(窮通寶鑑)』은 5대원서 중에서 가장 이론적이며 사리에 맞는 책이라고 생각한다. 이 책은 조후(調候)를 중심으로 설명하며 간명한 것이 특징이다. 역학을 공부하는 학도들에게 도움을 주려고 먼저 원문에 음독을 단 다음 해설하였다. 그리고 예문은 서낙오(徐樂吾) 선생이 해설한 것을 그대로 번역하였고, 저자가 상담한 사람들의 사주와 점서에 있는 사주들을 실었다.

• 역산 김찬동 편역